求职能力实训营课程教材

求职能力实训讲师手册

人力资源社会保障部职业能力建设司
中国就业培训技术指导中心 　组织编写

中国劳动社会保障出版社

图书在版编目(CIP)数据

求职能力实训讲师手册/人力资源社会保障部职业能力建设司,中国就业培训技术指导中心组织编写. -- 北京:中国劳动社会保障出版社,2022
 ISBN 978-7-5167-5469-6

Ⅰ.①求… Ⅱ.①人…②中… Ⅲ.①职业选择-职业培训-教材 Ⅳ.①C913.2

中国版本图书馆 CIP 数据核字(2022)第 128734 号

中国劳动社会保障出版社出版发行

(北京市惠新东街 1 号 邮政编码:100029)

*

北京市白帆印务有限公司印刷装订 新华书店经销
787 毫米×1092 毫米 16 开本 9.75 印张 161 千字
2022 年 9 月第 1 版 2025 年 9 月第 4 次印刷
定价:35.00 元

营销中心电话:400-606-6496
出版社网址:http://www.class.com.cn

版权专有 侵权必究

如有印装差错,请与本社联系调换:(010)81211666
我社将与版权执法机关配合,大力打击盗印、销售和使用盗版图书活动,敬请广大读者协助举报,经查实将给予举报者奖励。

举报电话:(010)64954652

编审委员会

主　　任：刘　康　吴礼舵
副 主 任：王晓君　田　丰　张　达　章　谦　王　颖　周国良
委　　员：谈宇德　朴京爱　张　薇　沈　浩　张云鹰　翁海明
　　　　　陆　健　陈　浩　夏丽雯

编写人员

主　　编：谈宇德　张云鹰
副 主 编：朴京爱　郑海琳
参与编写：（按姓氏笔画排序）
　　　　　丁　洁　丁秀华　丁宏杰　王韦懿　毛心宇　田　颖
　　　　　朱科文　刘雯契　孙　妍　孙　炯　李　弘　李　莹
　　　　　杨剑锋　吴青芳　邱　羚　张　帆　张　涛　张应杰
　　　　　武　亭　郑　琳　孟　莉　胡珍剑　诸　颖　黄晓琳
　　　　　崔文凯　寇　蕊　傅裕栋　廉串德　熊晓燕

前言

党中央、国务院高度重视高校毕业生等青年群体就业工作。各级人力资源社会保障部门将高校毕业生等青年群体就业作为就业工作重中之重，精准施策，多方发力，确保就业局势总体稳定。针对青年人就业难题，上海、山西等地开展求职模拟、求职能力集中训练和职业体验等技能培训课程，帮助他们提升就业技能；通过培训与公共就业服务联动，促进青年人就业。

为帮助离校未就业高校毕业生等青年群体提高就业和求职能力，2021年，在借鉴有关地方工作经验的基础上，人力资源社会保障部职业技能提升行动领导小组办公室印发《关于开展求职能力实训营项目试点工作的通知》，组织开展求职能力实训营项目，促进青年群体就业。

为深入贯彻落实《"十四五"职业技能培训规划》，指导各地有效开展求职能力实训营项目工作，人力资源社会保障部职业能力建设司和中国就业培训技术指导中心组织专家，结合求职能力实训营教学特点和训练对象情况，编写了求职能力实训营课程教材。

求职能力实训营课程教材包括《求职能力实训手册》（学员

用书）和《求职能力实训讲师手册》（讲师用书）。教材在内容上力求体现"以职业能力培养为导向，以就业能力提升为核心"的指导思想，突出实际操作训练特色，着力帮助青年群体增强就业意识，提高就业愿望，明确就业目标，制订求职计划，开展就业实践，实现提升就业技能的目标。

本教材在编写过程中得到上海市就业促进中心、上海巴伐利亚职业培训咨询有限公司等单位的大力支持与协助。教材出版前，分别在上海市浦东新区、徐汇区、杨浦区、宝山区等地进行试用。试点地区对教材修订工作贡献了智慧，在此一并致谢！

教材如有不妥之处，敬请读者谅解。在使用过程中有何问题请及时反馈，以便再版时进行修正。

人力资源社会保障部职业能力建设司

中国就业培训技术指导中心

目录

求职能力实训营操作指南 /001

第一部分　求职能力实训营培训周期 /003

培训周期第一步　学员信息收集与市场宣传 /006

培训周期第二步　学员筛选 /011

培训周期第三步　培训需求分析 /014

培训周期第四步　实施培训 /016

培训周期第五步　后续服务 /022

培训周期第六步　监督与评估 /024

第二部分　求职能力实训营教学计划 /027

求职能力实训营课程表 /029

第 1 课　走进我们的实训营 /031

第 2 课　我眼中的我 /032

第 3 课　开启我的职场人生 /034

第 4 课　探索我的就业动机 /036

第 5 课　发现我的职业潜能 /037

第 6 课　了解我的职业价值观 /039

第 7 课　找到我的职业兴趣 /042

第 8 课　认识我的职业性格 /045

第 9 课　评估我的职业能力 /047

第 10 课　发现我的更多职业机会 /050

第 11 课　认识我的意向岗位 /051

第 12 课　厘清我的意向岗位 /053

第 13 课　做出我的职业决策 /055

第 14 课　策划我们的路演 /057

第 15 课　演练我们的职场表达能力 /059

第 16 课　演练我们的团队协作能力 /060

第 17 课　设计与制作我的简历 /061

第 18 课　掌握我的简历投递方法 /062

第 19 课　陈述我的简历 /063

第 20 课　提高我的面试技巧 /065

第 21 课　演练我的面试能力 /066

第 22 课　走近我的意向岗位 /067

第 23 课　梳理我的人岗匹配度 /069

第 24 课　谱写我的求职之路 /070

第 25 课　管理我的职场压力 /071

第 26 课　筹备我们的路演（一）/073

第 27 课　明确我的就业观 /074

第 28 课　筹备我们的路演（二）/076

第 29 课　让我们的职场表现更得体 /077

第 30 课　演练我们的路演 /079

第 31 课　展示我们的求职成果 /080

第 32 课　对于求职，我们准备好了吗 /081

第 33 课　精进我们的求职能力 /082

附录一　求职能力实训营监督与评估工具包 /083

附录二　求职能力实训营实训工具包 /101

求职能力实训营操作指南

求职能力实训营可以帮助求职者：
- 激发就业意识、求职积极性和能动性。
- 梳理自我能力，更有效地了解自我、提升自我、完善自我。
- 了解就业形势和政策，更新就业观念。
- 掌握求职方法，提高求职就业能力。
- 提升自主就业能力，实现稳定就业。

在求职能力实训营结束时，学员能够：多维度认识自我，找出适合自己的意向岗位，制作出适合自己的简历，应付自如地完成面试，有效跟踪面试过程，反思面试结果，掌握与意向岗位匹配的能力，明确自己的职业发展方向，最终实现稳定就业，不断适应动态发展中的职业世界。

本教材是求职能力实训营课程顺利实施的内容保障。求职能力实训营课程实施过程中会涉及以下机构和人员：

培训机构：承载求职能力实训营的主体及运营机构，也是求职能力实训营培训的组织方。

班主任：培训班学员管理人员，协助讲师跟进培训班学员全程培训情况，包括后续求职就业情况，属培训机构工作人员。

讲师：授课的老师，是求职能力实训营课程的执行者，既可以是某培训机构的专职讲师，也可以受聘至其他培训机构承担某期培训班的授课任务。

第一部分

求职能力实训营培训周期

培训周期描述了培训活动设计和实施过程所涉及的各个步骤。之所以称其为"周期",是因为较理想的做法是将上一次培训活动所取得的最终结果反馈到下一次培训活动的计划阶段,这样一来,培训活动的质量将会随着每一次新的培训周期的开始而得到提高。

求职能力实训营培训周期描述了在为求职者设计和实施培训活动时应遵循的几个步骤,如图1-1所示:

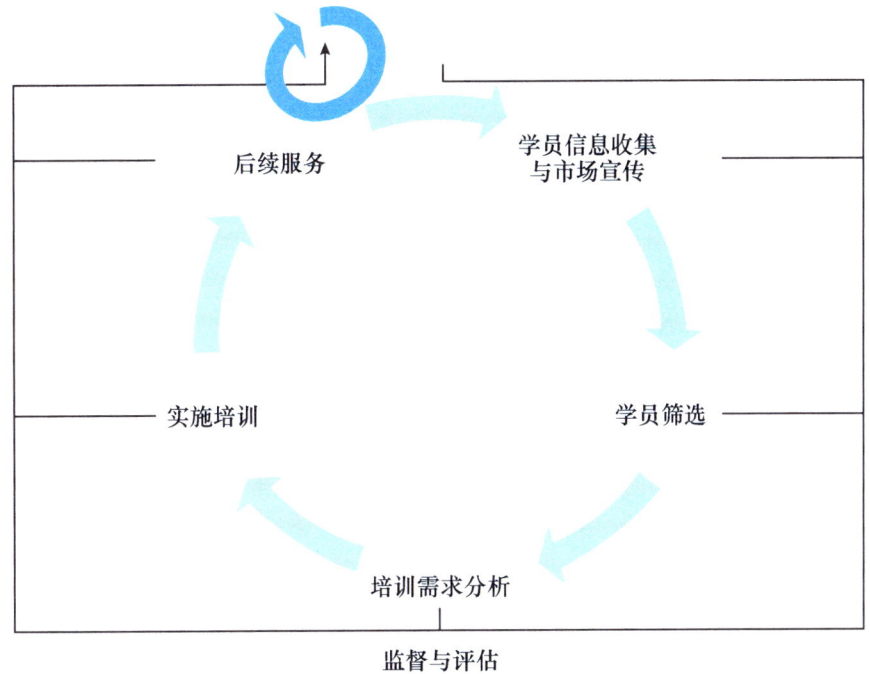

图1-1 求职能力实训营培训周期图

培训周期第一步　学员信息收集与市场宣传

一、什么是学员信息收集与市场宣传

学员信息收集是指对当地劳动力基础数据信息等进行提前了解、收集及调查（劳动力基础数据信息收集工作通常由当地人力资源社会保障部门负责，培训机构或讲师可联系获取），尤其针对应届毕业生、离校未就业高校毕业生等人群要展开专项调查、跟踪服务记录等工作。各级人力资源社会保障部门所属公共就业人才服务机构负责离校未就业高校毕业生的实名登记工作，并提供就业服务。学员信息收集要争取学员所在地公共就业人才服务机构的支持。

市场宣传是为了让某种商品或服务能触及有需求的人群，弥补不断变化的市场环境中可能产生的信息不对称，避免让有需求的目标群体错失享受商品或服务的机会，由此开展的信息传播过程。对于求职能力实训营而言，其市场宣传的目的就是，尽可能让服务的目标群体知晓，让符合条件的求职青年尽可能多地参与进来。

二、为什么要进行学员信息收集与市场宣传

学员信息收集工作非常重要，这是求职能力实训营启动的关键。由于求职能力实训营针对的对象是"慢就业""懒就业"的离校未就业高校毕业生群体，这类群体的最大特点就是求职积极性和主动性不够。因此，一开始了解和掌握这类群体的信息至关重要，这是求职能力实训营开展的基础，也是求职能力实训营学员筛选的起点。

此外，离校未就业高校毕业生群体就业情况也是衡量当地就业率的重要指标之一。帮助这类群体主动找到求职能力实训营并参与进来，对后续提升学员就业自信心和成功率大有裨益。因此，同步开展求职能力实训营的市场宣传工作可有力推动学员招募工作的顺利进行。

学员信息收集与市场宣传需要实现的目标如下：

1. 找出市场中符合培训条件并能充分发挥求职能力实训营课程优势的目标群体，厘清所在地区目标群体就业落实情况及实际就业需求。

2. 提前做好交流沟通工作，帮助目标群体理解求职能力实训营的培训目的和意义，为顺利开展实训营、最终实现培训目标奠定基础。

3. 实时动态合理组织、分配、使用求职能力实训营资源，提升培训质量，以吸引更多潜在学员，最大限度地助力青年群体成功稳定就业。

三、如何开展学员信息收集与市场宣传

求职能力实训营的学员招募可以通过街道（乡镇、社区等）推荐、各级职业指导人员推荐、广泛宣传等方式进行。

开展学员信息收集，首先应明确"谁是潜在学员"，其次应熟悉"潜在学员的特性"，进一步摸清"潜在学员具体的求职需求"以及"潜在学员家庭对其求职就业的态度"等，然后主动沟通，激发潜在学员的就业动机，使其"宅出家门"，愿意参与求职能力实训营。

在此过程中，对于受到家庭、学校、社会等影响不愿走出家门的学员，必要时可邀请心理咨询专家介入，做好一对一心理疏导与沟通工作，帮助学员做好入营前的心理和思想准备。

为扩大求职能力实训营的社会知晓率和影响力，为更多有需求的求职青年赋能，加大求职能力实训营招生力度，应通过多渠道进行招生宣传。例如，与各地就业服务平台、网站、微信公众号、小程序、App 等联动，多渠道同步发布求职能力实训营招生信息和咨询电话，安排专人解答相关问题等，并定期报道求职能力实训营开展情况，跟进求职能力实训营实施过程与结果。

具体工作步骤如下。

1. 了解潜在学员特征及需求

首先，收集潜在学员基础信息，了解潜在学员求职意愿，获取潜在学员求职就业方面存在的共性问题。

其次，进行信息归类整理。信息归类要能体现学员求职就业特征，且特征清晰可辨、容易判断。这些归类标准包括年龄、性别、教育背景、家人职业情况、家人对求职就业的态度、家庭收入水平、家庭地理位置、是否遭受过校园霸凌或职场霸凌及特殊培训需求等。

通过梳理潜在学员信息，求职能力实训营教学管理团队可以对潜在学员的培训需求做针对性分析，并根据分析结果设计出能够满足潜在学员培训需求的个性化培训方案。

2. 提供能够满足潜在学员培训需求的实训服务

为提高求职能力实训营实训服务的针对性，实训营教学管理团队应基于潜在学员

的培训需求分析合理调整、补充培训内容，灵活安排培训时间和培训地点，有效运用培训方法和培训工具。

（1）合理调整、补充培训内容

求职能力实训营的培训内容既包含理论知识，又包含实操技能和科学的测评工具及方法，还包含真实沉浸式的职场体验实战场景，具有很强的通用性，标准化程度较高。但在实际的求职能力实训营课堂上，学员可能会对课程中某个或某些具体模块内容更感兴趣，希望了解更多相关内容，这时讲师就要在培训内容的基础上有针对性地安排学员需要的、能够接受的培训范围之内的相关内容。例如，学员对当地紧缺职业、新职业、新就业形态比较感兴趣，想要了解这些方面的就业机会时，讲师就要及时补充相关内容，以满足学员的学习需求。

（2）灵活安排培训时间和培训地点

考虑到学员的实际情况，求职能力实训营课程可以根据学员的需求，在保证不影响整体培训效果的前提下灵活安排培训时间和培训地点。例如，一个标准的求职能力实训营培训周期是 8 天，如果学员在到实训营指定地点培训的通勤时间上有困难，实训营教学管理团队可以根据实际情况适当调整每天课时数或延长整体培训时间，兼顾学员地理位置和实训营培训进度与效果。再如，有关企业参观访问课程，实训营教学管理团队可根据实际条件，选择邀请企业相关负责人进入实训营宣讲、观看企业宣传视频或与企业相关负责人直播互动等方式进行，确保学员获得走进意向岗位、了解意向岗位的同等培训效果。

这里需要强调的是，虽然求职能力实训营可以根据学员的需求灵活安排培训时间，但对于具体的课程安排，不能改变既定顺序，以保证学员对课程内容的充分理解及有效掌握。

（3）有效运用培训方法和培训工具

讲师应根据学员的需求与特点，灵活有效地选择与运用培训方法和培训工具，以实现培训效果。讲师可以根据学员的兴趣增加一些实践环节，如安排当地知名企业负责人或优秀学员代表做现场报告等，以帮助学员更好地认知与理解求职能力实训营课程。

3. 制定合适的培训服务价格

合适的培训服务价格可以在满足学员需求的基础上，保证培训机构资金的可持续性，也为讲师提供有力的工作保障。国家高度重视高校毕业生就业工作，当前很多的项目补贴都倾向于高校毕业生等青年群体，培训机构和讲师应积极关注有关政策，主动寻求相关项目补贴支持。

4. 提供合适的培训场地

合适的培训场地是求职能力实训营正常运行的保证。选择的培训场地要尽可能便于与学员保持近距离联系,交通便利,明亮宽敞且相对安静,以确保实现高质量的培训效果。

5. 有效推广培训服务

有效推广培训服务可以从以下几个方面寻求支持。

(1) 寻求当地就业服务系统的支持

求职能力实训营教学管理团队应积极寻求当地就业服务系统的支持,获取当地潜在学员信息,进行点对点信息收集、电话邀约、上门走访与跟踪服务,与学员家庭及社会关系联动,为求职能力实训营实时招募符合条件的学员,切实提升当地离校未就业高校毕业生的就业率。

(2) 与地区高校就业部门保持密切联动

例如,向每一位高校毕业生发送一份求职能力实训营的邀请函和求职能力实训营宣传材料,让他们知道求职能力实训营并了解实训营的特点与好处,从而对照自己具体情况,决定是否参加实训营。

(3) 通过地区就业服务系统平台及新闻媒体多渠道宣传

通过地区就业服务系统平台,如各地区就业服务平台网站、微信公众号或其他新媒体渠道等,发布求职能力实训营招生信息、报名方式、以往培训情况及培训效果反馈等,扩大求职能力实训营的影响力,以吸引更多有需求学员的参加。

(4) 口碑宣传

邀请求职能力实训营的老学员现身说法,鼓励他们在其所在社区或地区中传递项目信息,向他们的亲戚、朋友、熟人、同事介绍求职能力实训营项目,宣传求职能力实训营项目培训效果。

(5) 配套使用正确的宣传载体

通过制作求职能力实训营项目宣传册或海报(在潜在学员经常出现的地方张贴,务必列出联系方式),以及其他形式的宣传材料,包括实训营徽章和带有实训营标识的环保袋、杯子、笔和其他有可能被潜在学员重复使用的物件,最大限度地将求职能力实训营的信息传播出去。

(6) 持续动态邀请当地有真实招聘需求的企业加入

求职能力实训营的培训目的是帮助学员成功求职就业。因此,在求职能力实训营的课程中有设计针对学员展开的专属路演，在此环节讲师应尽可能邀请当地有针对性岗位需求的企业加入，确保学员与企业需求的精准对接，提升实训营的求职成功率。持续动态邀请当地有真实招聘需求的企业加入，能够为实训营赢得实实在在的效果和口碑。

培训周期第二步　学员筛选

一、什么是学员筛选

在求职能力实训营培训周期中，学员筛选是指选出那些能够从求职能力实训营培训中受益，并且如有可能，有能力并愿意理解、掌握并灵活运用实训营所学知识、方法和工具的潜在学员。

二、为什么要进行学员筛选

正确进行学员筛选是保证培训质量的重要前提。

求职能力实训营培训是一种以学员为中心的培训服务。讲师面对学员提供实时动态的培训服务，学员中任何人都会对其他学员参加培训的体验产生直接影响。为保证培训质量，培训机构或讲师必须从众多潜在学员中把那些真正能从求职能力实训营培训项目中受益的人筛选出来，作为培训班的学员。如果参训学员不能从项目中受益，那么将是对培训资源的浪费。

如果不能按照求职能力实训营学员筛选的标准进行正确的筛选，就会使具有不同培训需求的学员在同一培训课堂中接受同样的培训内容，这样一来，讲师将会面临巨大的培训压力，结果必然会直接影响培训效果，降低学员的满意度，影响讲师的培训业绩，而且还会使培训机构和讲师的名誉受损，更会阻碍讲师的职业发展。

只有学员资格符合求职能力实训营培训课程的最低入选标准，讲师才有可能实现基本满意的服务质量，才能够确保培训效果和学员满意度的有效统一。因此，正确地进行学员筛选是符合学员、培训机构和讲师共同利益的保障，更是求职能力实训营培训可持续发展的保证。

三、如何进行学员筛选

只有按照求职能力实训营的学员筛选标准进行操作，才能保证筛选的学员真正符合培训的要求。

1. 学员筛选标准

参加求职能力实训营培训的学员应该符合以下要求：

（1）有一定求职就业的意愿和动机。

（2）愿意为实现成功就业付出努力。

（3）希望在求职能力方面获得系统培训。

（4）探索自身职业方面更多的可能性。

（5）愿意改变目前现状。

培训机构或讲师在学员筛选实际工作中可能会遇到一些问题，如学员求职就业意愿不强烈、因遭受过校园霸凌或职场霸凌无法投入求职就业，或受家庭影响对求职就业不积极等，有条件的话可借助心理辅导等手段提前介入，确保学员持有稳定心态后再将其吸收到求职能力实训营中，以免影响培训整体效果。

因此，学员筛选必须慎重，确保合适的学员在合适的时机参与求职能力实训营的培训。

2. 学员筛选方法

学员筛选主要通过面试进行，其筛选流程为：选择求职能力实训营的对象群体→面向对象群体推介求职能力实训营课程→让对求职能力实训营课程感兴趣的人填写培训申请表→筛选并面试申请人，确定申请人是否适宜参加求职能力实训营课程→召开营前动员会，明确实训营目的与任务→确定实训营参加人选。

求职能力实训营教学管理团队尤其是班主任必须参与学员筛选的过程，这样更有利于保证培训的质量。班主任需要对每一个潜在学员进行一次简短的筛选面试。面试的目的是在获取该潜在学员基本信息的同时，确定潜在学员是否已有求职就业的意愿，是否符合求职能力实训营课程的入选标准，从而筛选出具备参加培训条件的学员。面试可以在办公室或方便学员到达的其他地点进行，特殊情况下也可采用线上方式进行。

学员筛选面试大约需要 20 分钟，主要依据"学员信息登记表"进行。"学员信息登记表"的填写应确保准确、完整，以便实训营教学管理团队获得更多的潜在学员信息，确保后续就业指导的跟踪服务。在进行学员筛选面试的同时，班主任还需要对潜在学员进行培训需求分析，可以借助培训需求分析问卷来完成。

面试要在轻松的氛围中进行，不要让面试者感到压力，面试后要向潜在学员解释他们符合或不符合培训课程入选标准的原因，帮助他们厘清实际的培训需求。

3. 学员筛选工具

求职能力实训营培训使用的学员筛选工具主要是"学员信息登记表"和"职业成熟度量表"。这些工具在面试期间由学员填写，班主任负责收集与记录。使用"学员信息登记表"和"职业成熟度量表"的目的是收集和记录每一名申请人的关键信息。

"学员信息登记表"主要由三部分构成：

第一部分，基础资料。用于收集潜在学员的基本信息，如性别、年龄、专业、政治面貌、最终学历和毕业院校等。

第二部分，问卷调查表。用于了解学员目前的职业技能以及目前在求职就业过程中遇到的问题等。

第三部分，访谈表。用于了解学员自己及家人对其求职就业的影响和态度。要求潜在学员填写这一部分的目的是梳理学员的社会关系，判断学员未来求职就业成功的可能性。

"职业成熟度量表"用于判断学员当前的求职就业意愿，为下一步制订培训计划提供依据。

求职能力实训营教学管理团队要保管好每位学员的"学员信息登记表"和"职业成熟度量表"，认真归档，培训课程结束之后会再次用到上述两份材料。与此同时，求职能力实训营教学管理团队还需及时将学员的基本资料归档到学员的"求职档案"中。

培训周期第三步　培训需求分析

一、什么是培训需求分析

培训需求分析是评估入选参加求职能力实训营培训的潜在学员确切培训需求的过程，即测定并分析潜在学员个人的现实状态及其期望通过培训达到的理想状态之间的差距。

二、为什么要进行培训需求分析

培训需求分析对于实现培训目标非常重要，良好、有效的培训需求分析能够帮助培训机构或讲师：

- 找出学员的学习期望与学习差距，有针对性地设计培训内容。
- 将学员按各自内在的培训需求分类，合理编班，保证培训效果。
- 了解学员的知识背景与性格特点，选择恰当的培训方法、工具及培训话术。
- 选择符合学员需求的、方便学员参加的培训时间及培训地点。

学员是培训的主要服务对象，是培训目标得以实现的载体，了解学员的培训需求与培训期望，对实现培训目标具有决定性意义。调查学员培训需求时，要关注学员的简历、个人求职的现实状态以及期望通过培训达到的理想状态、喜欢的学习方式、适宜的教学方式、个人发展方面的意愿、对培训时间的要求、对培训进度的要求、喜欢的语言表达方式、学习方面的困难等。

培训需求分析有利于提高求职能力实训营课程培训的针对性和有效性，提高学员的满意度，学员满意可以为课程带来更好的口碑进而带动培训服务的市场需求度，促进培训的可持续发展。

三、如何进行培训需求分析

1. 培训需求分析的方法

（1）面谈法

面谈法是指培训机构或讲师依据事先设计的培训需求分析问卷与学员面对面交谈，了解学员对培训的需求。面谈法有较强的目的性与针对性，具有真实、信息量大、沟通直接、反馈快、占用学员时间较短等特点。要运用面谈法获得较好的需求分析效果，需要科学地设计问题，充分考虑问题的合理性及其顺序。当然，面谈法的运用也存在一些弊端，比如，在某些特定的时间、地点，谈话易受到外界干扰；沟通效果受学员因素影响较大，如沟通不畅，不仅耗时而且所获甚微。求职能力实训营班主任应该重点关注学员的学习差距，即在求职就业基础知识和职业能力方面学员已经掌握的和应该知道的之间存在的差距。

（2）资料分析法

资料分析法主要通过分析本期学员"学员信息登记表"和"求职档案"以及存档的往期求职能力实训营监督与评估资料，获得与学员培训需求相关的信息。因为往期学员的反馈信息（求职能力实训营监督与评估资料）来自培训实践，所以信息比较真实、完备，但运用资料分析法信息处理量较大，对讲师的选择能力、提炼能力和分析能力要求较高。而且随着时间与环境的改变，存档资料的参考价值也会受到一定的影响。总之，对于信息资料的分析要科学、合理、客观。

2. 培训需求分析的工具

在求职能力实训营培训中，用于培训需求分析的工具主要是"学员信息登记表"和"职业成熟度量表"。

"学员信息登记表"为班主任提供了潜在学员的重要信息，如需要，班主任也可以补充"学员信息登记表"中的问题，补充时一定要注意问题的"量"与"度"，避免问题难度过大，潜在学员回答问题所需时间过长。

"职业成熟度量表"为班主任提供了判断学员当前职业状态的依据，对学员当前所面临或存在的求职就业方面的问题进行了扫描，班主任可以更好地获得所需的信息。

此外，班主任还可以针对具体课程的展开设计培训需求分析问卷。设计时需要注意四方面问题：一是内容，即问卷问题应该与具体的培训情况相符，尽量挖掘并找出学员真正的培训需求；二是题型，即应该包括封闭式和开放式两种，封闭式问题的主要题型是选择题，选择范围是班主任事先准备好的，而开放式问题则需要学员用自己的话来回答；三是题序，即提出问题的顺序应该合乎逻辑，引导性的问题应该放在前面，充分考虑学员的认知习惯及理解力；四是题量，问题不宜过多，回答问题的总时间应不超过5分钟，避免学员产生厌倦与反感的情绪，影响培训需求信息收集效果。

班主任作为面试官之一，可在面试期间指导学员完成培训需求分析问卷。

培训周期第四步　实施培训

一、如何进行实训营的后勤管理

1. 开班前的筹备工作

求职能力实训营培训开班前通常可以按照图 1-2 所示的步骤进行筹备。

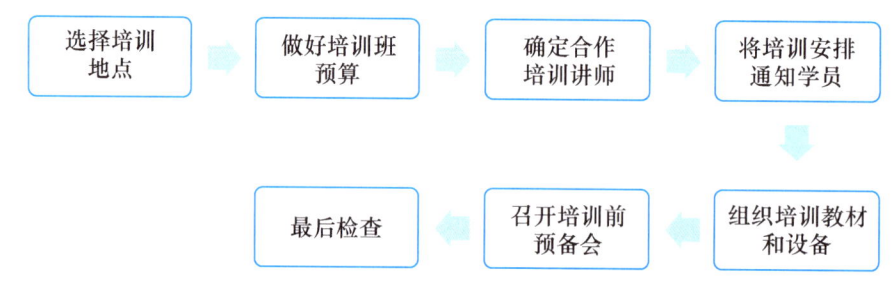

图 1-2　开班前的筹备步骤图

（1）选择培训地点

开班前首先考虑能否为学员选择一个符合标准、实用舒适、交通便利，且负担得起相应费用的培训地点。

1）关于培训地点的实用性，需要考虑：

①位置：培训地点的位置应该方便选定的学员到达，以确保他们在受训期间每天都能够出勤，并按时到达。

②规模：培训地点需要有适当的空间，使培训能够有效开展。推荐使用至少 6 米×8 米的房间，可容纳 25~30 名学员。

③房间布局：要考虑到桌椅搬动的方便性、培训设备摆放的合理性，以及学员培训过程中的舒适度。有效的培训需要学员高度集中注意力，为实现这一点，培训教室应该满足以下几点：

- 有充足的光线。
- 有良好的通风。
- 能够不受外界干扰地进行培训。

如果计划使用投影仪或电视/视频设备，一定要确保房间内有合适的电源插座以及延长插座，并确保供电插接的牢固性。开班前讲师应对设备进行测试。

2）关于学员的舒适度，需要考虑：

①学员进出培训地点是否方便。

②培训地点的设施能否满足学员那些与培训无关的需求和欲望。

③培训地点提供的住宿房间是否适合课后学习。

④若学员中有身体残障人士，是否有为这类学员提供的便捷设施以方便他们接受培训。

建议尽早确定培训地点，最好能够在开班前数周就确定，以便与参加培训的学员和合作讲师及时沟通有关培训地点的细节。

（2）做好培训班预算

承办求职能力实训营培训需要有相关经费投入，对培训所需的经费应先做好预算。做预算时应该考虑下列项目：

1）工作人员和讲师的工资。

2）客座讲师与专家的报酬与补贴。

3）培训场地费用。

4）培训教材、教具及设备费用。

5）如果培训机构计划向学员提供食宿，还应包括学员的食宿费。

6）通信费用，如电话费、电传费、邮费等。

7）交通费用。

8）培训后续服务费用。

9）其他费用。

（3）确定合作培训讲师

确保至少两名求职能力实训营培训讲师在开班期间授课，以避免授课讲师因疲劳而降低工作效率，这样也能使学员对课程更感兴趣。

（4）将培训安排通知学员

应该在培训前（提前1~2周）通知学员即将开始的培训班安排，以便他们做出自己相应的安排。

（5）组织培训教材和设备

1）准备培训教材。培训使用的主要教材是《求职能力实训手册》（含求职档案）。每名学员都应收到一本《求职能力实训手册》（含求职档案）正版教材。此外，培训机构或讲师也可以额外准备一些学习材料，帮助学员更好地认识和理解培训内容。

2）准备监督与评估工具。培训机构或讲师要确保按照标准准备好监督与评估工具（见附录一求职能力实训营监督与评估工具包）。

3）准备培训设备和教具。

①黑（白）板和多种颜色的粉笔（白板笔）。

②用于演示分享的展示板，以及用于固定位置的图钉或胶带等。

③多媒体投影仪1套，笔记本电脑1台。

④多种颜色的彩色卡片纸若干张。

⑤蓝色或黑色签字笔、A4打印纸若干。

⑥文件夹、文件袋、长尾夹等教辅材料。

以上培训设备和教具，有条件的地区可做准备，若不方便可自行简化调整。

（6）召开培训前预备会

在开始培训前，应该提前邀请学员与参加此次培训的求职能力实训营培训讲师共同开会，向学员介绍实训营的目的和意义，告知实训营的课程安排，包括分配授课内容和实际授课方式等，确保学员能顺畅参与实训营全程培训，有效实现实训营求职就业目标。

要确保合作的培训讲师得到以下情况的充分介绍：

1）参加此次培训的每名学员的总体情况。

2）参加此次培训的每名学员的求职就业想法。

3）参加此次培训的每名学员参与培训的目的。

4）培训地点和时间表。

5）培训讲师之间工作量的分配计划。

（7）最后检查

培训机构或班主任需要在规定的培训日期临近前再次提醒学员培训日期，要求他们确认是否参加，并再次检查其他全部安排。

1）与合作培训讲师进行沟通。

2）确保培训教材和设备到位。

3）检查在培训地点的全部安排。

4）检查交通安排。

5）确保资金及时到位。

2. 开班中的管理

（1）教材和教具的设置、配送、发放统计等工作。

（2）整理讲师档案、讲师课程安排、培训费发放等工作。

（3）制作培训班课程表、班级花名册、通信录等工作。

（4）培训班中茶歇的安排、准备和服务等工作。

（5）培训班各种监督与评估工具的使用、收回和整理等工作。

二、如何开展实训营的教学活动

1. 认识求职能力实训营学习

（1）什么是求职能力实训营学习

求职能力实训营课程是为提升青年求职就业通用能力而开发的课程，旨在帮助学员从内到外做好求职就业准备。求职能力实训营学习包含以下四个互相联系的要素，是一个循序渐进、不断提升的过程。

1）知识：参加求职能力实训营培训的学员要知道求职能力实训营培训包括哪些教学内容，并能透彻地理解和掌握这些内容。

2）技能：参加求职能力实训营培训的学员通过学习和练习，能够提升求职就业的技能，包括参加面试的技能以及灵活运用职场通用能力成功就业的技能，并能在未来职场中得到很好的发展。

3）态度：参加求职能力实训营培训的学员要以正确的、积极的心态运用所学专业知识和职场通用能力。

4）行为：参加求职能力实训营培训的学员要行动起来，把在求职能力实训营中学到的东西切实用于求职就业活动，一切从自己的实际出发，灵活运用而不是生搬硬套。

（2）求职能力实训营学员的学习特点

求职能力实训营学员都是成年人。成年人喜欢自我导向型而非以讲师为中心的学习方式。他们自身具有一定的生活经验，对学习有自己的见解，追求学以致用、立竿见影的功效。与未成年人相比，成年人在学习上具有如下特点：

1）更需要知道现在所学的知识有什么用处。

2）更渴望参与并控制学习过程。

3）更希望将丰富的经验与所学的新东西相结合。

4）希望按照自己的进度学习。

5）需要反馈学习心得并与人交流。

6）学习目的更具功利性。

7）学习方式更加个性化。

8）更喜欢互动式培训方法。

9）更喜欢积极主动的学习体验。

10）更喜欢自己决定学习地点和学习时间。

因此，为调动学员学习的主动性和参与性，讲师应采用更加有效的互动式培训方法向学员传授求职能力实训营培训课程。下面将介绍求职能力实训营培训倡导采用的培训方法。

2. 互动式培训方法

求职能力实训营培训主要采用互动式培训方法，即讲授中贯穿头脑风暴、角色扮演、小组会议、影视观摩、沙龙分享等互动形式，鼓励学员就求职中可能遇到的问题进行交流探讨、模拟演练。使用互动式培训方法有利于充分调动学员的积极性、创造性，使学员成为真正的学习主体，学会用所学的知识创造性解决实际问题，从而培养、提升学员的求职能力，有效增强培训效果。

求职能力实训营常用的互动式培训方法有以下几种。

（1）讲授法

讲授法可以用于讲解学员不熟悉的知识，即讲师讲授课程内容，辅以向学员提问并指导学员作答的方法。

（2）案例分析法

案例分析法可以用于向学员示范在求职过程中如何借助工具认识自我、做好求职准备等，展示可能遇到的问题及解决问题的方法。

（3）讨论法

讨论法是指讲师引导学员围绕一个或几个主题进行交流，相互启发的方法。讨论可分为任务导向的讨论和过程导向的讨论两种。

（4）演示法

演示法分为讲师演示和学员演示两种。

讲师演示是指讲师运用一定的实物和教具，现场示范某种标准行为或职业技能，然后就所示范的内容进行分析讲解的方法。

学员演示是指在讲师讲授相关知识或演示相关技能后，学员个人或以小组形式展示分享对相关知识的理解和对相关技能的运用。

（5）头脑风暴法

头脑风暴法是一种用来产生创意的方法。讲师可运用这种方法鼓励学员去发现问题，进而产生一系列解决问题的方法，并讨论每种方法的优点和不足。

（6）角色扮演法

角色扮演法是一种情景模拟的培训方法，要求学员扮演某一角色并进入角色情景中去处理各种问题和矛盾。讲课的开始阶段运用角色扮演法，可以唤起学员对问题的认识，使每个学员都参与进来；讲课结束后，学员在实践和运用所学知识时也可以使用角色扮演法帮助自己解决问题。

（7）练习法

练习是在学员已经获得相关知识后进行的。讲师可要求学员完成指定的练习任务，通过做练习来检验他们对知识的掌握程度。

（8）视听法

视听法是指利用视听教材（如电影、录像、录音等）对学员进行培训，帮助学员直观认知和理解所学知识。

（9）游戏法

游戏法是指学员在遵守一定规则的前提下相互竞争，在"做"游戏中领悟所学知识，实现预期目标。

（10）实地考察法

实地考察法是指将学员置于实际的工作或任务现场，通过指导学员观察和分析现场情况来达到学习的目的。实地考察活动需要根据培训目标要求精心策划。

（11）访谈法

运用访谈法，学员有机会与职场人士面对面交流，可加深学员对岗位工作内容的了解，以获取更准确、真实的工作信息。

培训周期第五步　后续服务

一、什么是后续服务

参加求职能力实训营培训的学员都是有求职就业意愿的人，培训机构或班主任需要在培训后继续对学员进行跟踪服务，及时发现问题并帮助他们解决问题，帮助他们成功就业。

求职能力实训营培训后续服务的主要内容包括：

1. 跟进学员在实训营培训过程中的学习成果，确保学员掌握培训内容。
2. 跟踪落实学员个人简历优化与面试情况。
3. 确认学员求职过程中对意向岗位的落实与调整情况。
4. 跟踪学员求职计划制订、执行与调整情况。
5. 为学员实时动态推荐合适的工作机会，直至实现成功就业。
6. 增强学员对所学内容的迁移与延展能力。

二、为什么要进行后续服务

培训结束后，学员面对的是投递简历、实战面试、适应职场等一系列具体场景，他们有机会将学到的知识和技能应用于实际求职就业过程中。但是，求职就业实践与课堂中的学习是有区别的，每个人可能遇到的问题、困难等差异较大。因此，要通过后续服务来帮助学员将实训营所学内容灵活、有效地运用于他们的求职就业实践中，提高他们求职就业的成功率。

三、如何进行后续服务

后续服务的方式和内容具有多样性，培训机构和讲师应根据实际情况有针对性地设计和实施指导服务。

求职能力实训营结束后培训机构或讲师可以建立线上求职就业讨论群，针对学员后续求职就业实践中遇到的问题组织线上讨论。对于比较集中的问题，可有针对性地邀请专业指导师采取沙龙等形式为学员进行答疑解惑，再次为求职能力赋能。

后续服务的工作流程可参考以下步骤。

步骤1：分析问题

找到学员在求职过程中遇到的具体问题，如简历准备缺乏针对性、专业知识准备不充分、面试材料准备不齐全、意向岗位寻找有偏差等，及时把脉，对症下药。

步骤2：确定可选择的行动方案

厘清问题原因，提出可能的解决方案，对解决问题的每个行动方案进行利弊分析，确定问题症结及最终解决方案。

步骤3：明确未来的执行计划

针对解决方案列出具体的行动计划，并就监督行动计划的实施达成共识。

培训周期第六步　监督与评估

一、什么是监督与评估

监督与评估是指收集、加工和分析信息的全过程，目的是确定在完成工作计划和实现项目目标以及规定产出方面取得的进展情况。

尽管监督与评估经常作为一个词出现，但监督与评估之间还是有显著区别的。首先是执行目标不同。监督着眼于控制各项活动的开展以及实现规定产出的过程（如何实现），而评估则着眼于评价这些活动以及实现规定产出的过程（为什么实现），即监督工作或活动的进度并评估工作或活动的成果。在求职能力实训营培训活动中，监督是一个系统过程，要求连续收集和分析与某一培训活动有关的各项信息，而评估则是对各项培训活动进行阶段性评价，以确定这些活动的效果是否达到了预期目标。

监督与评估另一个不同之处是执行频率。监督是一个连续不断的数据采集过程，而评估则是定期进行的（如一年一次）。

尽管监督与评估在执行目标和频率上有所区别，但这两项工作还是有密切的内在联系的，通过连续监督采集到的数据正是评估所需的资料，反过来亦是如此。

二、为什么要进行监督与评估

监督与评估如果运用得当，可帮助所有活动参与者改进工作表现，并通过向求职者、讲师和培训机构提供高质量的服务来确保求职能力实训营培训的长期可持续发展。监督与评估对培训活动全过程进行控制、比较和记录，用以衡量在实现目标方面取得的进展，评价培训活动的效率和效果，并通过调整以采取正确的措施优化实施方式，以及做好今后的实施方案和计划。

三、如何进行监督与评估

求职能力实训营培训监督与评估工作主要利用监督与评估工具表单全程收集、分析学员培训活动信息，并在此基础上对培训进展情况、培训效果、学员满意度等进行评估。监督与评估包括对求职能力实训营培训活动的日常全过程监督以及对阶段性效果的评估。

求职能力实训营培训监督与评估工具表单如下：

- 学员信息登记表。用于收集每一名学员的关键信息，包括学员求职就业的态度、遇到的问题、对未来职业的期望等。
- 职业成熟度量表。由学员在入营和出营时填写，用以了解学员对求职就业的认知状态及变化，了解学员需要努力的方向。
- 学员每日签到表。作为学员授课管理、学习进度跟踪、出勤考察的依据。
- 讲师授课小结。用于记录讲师授课情况，包括基于学员培训需求分析对课程所做的调整、产生的效果以及课程建议等，为后续课程调整与改善提供依据。
- 班主任听课评议表。用于记录学员和讲师具体授课情况，便于后续课程调整与提升。
- 每日学员满意度调查表。用于了解学员对课程实施的感受、能否跟上课程节奏、课程时长设置是否合理等，作为培训机构、讲师以及教学管理团队的考核依据。
- 求职能力实训营培训学员满意度统计表。用于考核课程整体设计是否符合学员培训需求，作为后续调整师资或课程设计的依据。
- 求职能力实训营学员培训班活动报告。作为判断学员信息收集和市场宣传工作是否有效、到位的依据。
- 参训学员情况统计表。跟踪统计学员求职就业情况，为及时给予学员相应的指导和帮助提供依据。
- 参训学员后续支持报告。用于跟踪学员出营后遇到的求职就业方面的问题，并持续性给予针对具体问题的就业指导服务。

第二部分

求职能力实训营教学计划

求职能力实训营课程表

时间	第一天	第二天	第三天	第四天	第五天	第六天	第七天	第八天
9:00—9:15	第1课 走进我们的实训营	晨会	晨会	晨会	晨会	晨会	晨会	晨会
9:15—10:45	第2课 我眼中的我	第7课 找到我的职业兴趣	第12课 厘清我的意向岗位	第17课 设计与制作我的简历	第20课 提高我的面试技巧	第23课 梳理我的人岗匹配度	第27课 明确我的就业观	第31课 展示我们的求职成果
10:45—11:00	课间休息	课间休息	课间休息	课间休息	课间休息	课间休息	课间休息	课间休息
11:00—11:45	第3课 开启我的职场人生	第8课 认识我的职业性格	第13课 做出我的职业决策	第18课 掌握我的简历投递方法	第21课 演练我的面试能力	第24课 谱写我的求职之路	第28课 筹备我们的路演（二）	
11:45—13:00	午休	午休	午休	午休	午休	午休	午休	午休
13:00—14:30	第4课 探索我的就业动机 / 第5课 发现我的职业潜能	第9课 评估我的职业能力	第14课 策划我们的路演 / 第15课 演练我的职场表达能力	第19课 陈述我的简历（上）	第22课 走近我的意向岗位	第25课 管理我的职场压力	第29课 让我们的职场表现更得体	第32课 对于求职，我们准备好了吗

续表

时间	第一天	第二天	第三天	第四天	第五天	第六天	第七天	第八天
14:30—14:45	第6课 了解我的职业价值观	第10课 发现我的更多职业机会	第16课 演练我们的团队协作能力	第19课 陈述我的简历（下）	第22课 走近我的意向岗位	第26课 筹备我们的路演（一）	第30课 演练我们的路演	第33课 精进我们的求职能力
14:45—16:15		课间休息					课间休息	
		第11课 认识我的意向岗位						
16:15—16:30	完成霍兰德职业兴趣测评	对家庭成员、朋友、同学等身边人进行职业访谈并画出职业家庭树	细化路演策划部门任务内容	自我介绍演练及个人简历优化	观摩励志电影	完成我的求职计划	各部门确认路演筹备进度并及时调整	教室整理
	课后作业布置及教室整理							

第1课　走进我们的实训营▶

教学目标： 这堂课结束时，学员能够：

1. 了解求职能力实训营项目情况。
2. 熟悉求职能力实训营培训课程安排。
3. 建立学员与讲师之间的初步联系。

教具准备： 多媒体设备、黑（白）板、粉笔（白板笔）。

授课时间： 15分钟（第一天上午9：00—9：15）。

时间	内容概述	授课方法和内容	教具准备	相关资料
5分钟	致欢迎辞	欢迎学员并介绍求职能力实训营项目目标及意义	多媒体设备 黑（白）板 粉笔（白板笔）	
10分钟	介绍8天实训营活动流程及任务安排	讲授法 1. 介绍8天求职能力实训营课程安排 2. 介绍求职能力实训营培训要求 3. 介绍求职能力实训营讲师团队及教学管理团队	多媒体设备 黑（白）板 粉笔（白板笔）	

第 2 课　我眼中的我▶

教学目标：这堂课结束时，学员能够：

1. 打开自我，自觉融入求职能力实训营活动中。
2. 多维度了解自己，激发自身积极的求职因素。
3. 互相认识并彼此期待，为实训营后续活动做好铺垫。

教具准备：多媒体设备、黑（白）板、粉笔（白板笔）、话筒（或扩音器）、空白 A4 纸（每位学员至少 1 张）。

授课时间：90 分钟（第一天上午 9：15—10：45）。

时间	内容概述	授课方法和内容	教具准备	相关资料
20 分钟	讲解自我介绍规则	讲授法、演示法 请学员从 6 个维度以绘画的形式介绍自己： 1. 我现在的心情 2. 我记忆中最美好的事情 3. 我最喜欢的运动 4. 我所获得的最高荣誉 5. 我最讨厌的事情 6. 我未来想做的事情 （注：学员在空白 A4 纸上作画，之后粘贴于"求职档案 1"中）	多媒体设备 黑（白）板 粉笔（白板笔） 空白 A4 纸（每位学员至少 1 张）	教材第 3~6 页 求职档案 1
60 分钟	学员自我介绍	练习法、演示法 请学员依次上台展示自己的绘画，介绍自己，每人 3 分钟（讲师做好记录，不予点评）	话筒（或扩音器）	
10 分钟	总结	讲授法 阐述运用 6 维绘画自我介绍法的目的及各维度的含义，可结合学员自我介绍进行分析，启发学员主动思考	多媒体设备 黑（白）板 粉笔（白板笔）	

注："相关资料"中的"教材"专指《求职能力实训手册》，下同。

 **操作说明 6维绘画自我介绍法考察点**

1. 我现在的心情

侧面考察学员当前对求职就业的期待程度以及困惑点，推测导致其当前心情的原因，以便梳理好当前的情绪。

2. 我记忆中最美好的事情

调动学员过往人生经历中的积极因素，使其能够正向看待和思考当前的自己，同时考察其自我反省和总结的能力。

3. 我最喜欢的运动

帮助学员认识自己的内在性格。例如，运动可分为单人、双人以及多人运动，性格偏内向的人较喜欢单人或双人运动，而性格偏外向的人则倾向于喜欢多人运动，由此也会对应到其职业性格。

4. 我所获得的最高荣誉

帮助学员了解自己对成功的定义、对过往成功事件的认知，由此了解自己对未来成功和职业发展的期待，从而反映出自己的就业动机。

5. 我最讨厌的事情

帮助学员了解自己未来可能不会进入的职业领域，锁定学员求职就业的方向，同时这也是学员能力薄弱环节的反映，帮助其明确今后还需提升的能力，为求职就业做好准备。

6. 我未来想做的事情

帮助学员找寻自己的求职动力，并引发其思考"为什么这是我们想做的事情""我们要实现这一目标需要做哪些准备"等。一般来说，当学员天马行空地思考一番，真正落笔画的时候，会不自觉地把那些可以"落地"的想法记录下来。

第3课　开启我的职场人生▶

教学目标： 这堂课结束时，学员能够：
1. 了解市场、行政、人事3个部门的岗位职责。
2. 理解自己在职场中的角色和承担的职责。
3. 端正就业态度，激发就业动机。
4. 正确认识当前的职业心态。

教具准备： 多媒体设备、黑（白）板、粉笔（白板笔）、心愿卡。

授课时间： 45分钟（第一天上午11：00—11：45）。

时间	内容概述	授课方法和内容	教具准备	相关资料
5分钟	介绍岗位	讲授法 介绍市场、行政、人事3个部门的岗位职责	多媒体设备 黑（白）板 粉笔（白板笔）	求职档案2
35分钟	选择意向岗位，开启职场体验	讲授法、演示法、讨论法 1. 讲述部门招募流程 2. 组织学员开展部门招募活动 3. 各部门部长代表部门成员进行部门未来畅想 4. 组织学员填写实训营心愿卡 （注：制作完成的心愿卡将被贴在培训教室的墙壁上，用于后期活动复盘）	多媒体设备 黑（白）板 粉笔（白板笔） 心愿卡	
5分钟	总结	讲授法 1. 回顾本课要点 2. 询问学员是否有疑问，对学员提出的疑问给予反馈	多媒体设备	

 操作说明

1. 各部门岗位职责

(1) 人事部岗位职责：协助班主任做好每日考勤记录。

(2) 行政部岗位职责：协助班主任进行材料的分发及收集，如心愿卡的统计收集等。

(3) 市场部岗位职责：协助班主任拍摄课程照片。

2. 部门招募流程

(1) 部长竞选：

1) 邀请有意愿做部门部长的学员上台做3分钟以内的阐述，阐述内容包括竞选部门、对部门工作的理解及自己的优势等。

2) 组织全体学员无记名投票，得票数最高者当选。若得票数相等，则针对此岗位再进行一轮宣讲和竞选。

(2) 招募部门成员：由各部门部长主持本部门成员招募活动，完成后分享招聘成员的心得。

注：若有学员没有被任何部门选中，讲师应做好协调工作，确保全体学员都有相应部门接收。

3. 心愿卡制作要点（讲师须提前准备）

(1) 准备若干张心形纸（可用铅笔在纸上画一个心形后自行剪裁，或提前购买心形纸，颜色以红色为宜）。

(2) 在心形纸上部写上"心愿卡"字样，在空白处画上横线，供学员写下心愿。学员也可依个人意愿对心愿卡进行装饰。

第4课　探索我的就业动机 ▶

教学目标： 这堂课结束时，学员能够：

1. 探索自己当前的就业动机。
2. 积极开展自我对话，积极自我赋能。

教具准备： 多媒体设备。

授课时间： 45分钟（第一天下午13：00—13：45）。

时间	内容概述	授课方法和内容	教具准备	相关资料
5分钟	教学目标及内容综述	讲授法 阐述本课教学目标和主要内容	多媒体设备	教材第6~10页
35分钟	主题讨论	讨论法、演示法 1. 引出讨论主题：为什么有些人很早就找到自己终身奋斗的目标，而有些人总是找不到自己心仪的工作 2. 分小组讨论主题 3. 各小组派代表分享讨论结果 4. 讲师点评各小组的分享，并对讨论结果进行归纳总结	多媒体设备	教材第6~16页
5分钟	总结	讲授法 1. 回顾本课要点 2. 询问学员是否有疑问，对学员提出的疑问给予反馈	多媒体设备	

操作说明

在主题讨论阶段，讲师可给学员布置备选主题，即每个人在社会中的角色和责任（教材第9页练习3）。

可引导学员从自身出发，审视自己从校园人到社会人，角色和责任会有哪些变化；目前自己是否适应了这些变化并能有效应对这些变化；如果满分是5分，自己会给自己打几分；为什么会打这个分数。

第 5 课　发现我的职业潜能

教学目标： 这堂课结束时，学员能够：

1. 了解自己的职业潜能。

2. 探索自己理想职业以及多种职业的可能性。

教具准备： 多媒体设备、黑（白）板、粉笔（白板笔）、空白 A4 纸（每位学员至少 1 张）。

授课时间： 45 分钟（第一天下午 13：45—14：30）。

时间	内容概述	授课方法和内容	教具准备	相关资料
5 分钟	介绍职业潜能	讲授法 讲授职业潜能的概念	多媒体设备	教材第 19~21 页
15 分钟	探索职业潜能	讲授法、练习法 1. 组织学员完成五指图游戏，帮助学员倾听自己的内心，思考自己的职业第一印象，梳理自己的职业理想 2. 指导学员根据自己的职业理想思考自己可能适合的多种职业发展方向	多媒体设备	教材第 21 页 练习 7 求职档案 3
15 分钟	学员进行自我职业潜能的分享	讨论法 1. 分小组讨论，组内分享各自的职业潜能 2. 各小组派代表在班内进行分享交流 3. 讲师点评各小组的分享	多媒体设备 黑（白）板 粉笔（白板笔）	
10 分钟	总结	讲授法、练习法 1. 讲授职业生涯发展阶段理论 2. 组织学员完成"绘制我的生涯彩虹图"练习 （注：学员完成生涯彩虹图后，将其粘贴于"求职档案 4"中） 3. 回顾本课要点 4. 询问学员是否有疑问，对学员提出的疑问给予反馈	多媒体设备	教材第 15 页 练习 6 求职档案 4 实训工具 1

 操作说明

1. 五指图游戏

（1）请学员把手掌放在一张空白 A4 纸上，用笔描出手掌轮廓，得到一个手掌的外形图。

（2）每一根手指代表自己已经思考过的未来可能从事的职业，也可以是幻想过的职业（不拘泥于主、客观条件）。请学员在指尖部分写下职业名称，在指节部分写下自己喜欢这些职业的哪些特征或喜欢的原因。

（3）请学员在完成后回顾自己实习、做志愿者等经历，思考：哪个岗位、哪份工作或者哪段经历是自己最喜欢或最不喜欢的？这些偏好有什么规律吗？

2. 生涯彩虹图

著名职业生涯规划大师萨柏（Donald E. Super）认为，人的一生是一个角色扮演和角色变换的过程，而角色的扮演和变换主要受生涯发展阶段的影响。他形象地将这种关系通过一个综合图形——生涯彩虹图来描绘。

在生涯彩虹图中，最外层代表横跨一生的"生活广度"，即生涯发展的各阶段；内部各层由一系列生涯最基本的角色组成，代表纵观上下的"生活空间"；彩色条纹的厚度代表在各阶段对角色的投入程度，条纹越厚代表角色投入越多。

通过这个形象的图片，萨柏把人生分为三个层面：一是时间层面，即一个人的生命历程；二是广度层面，即一个人终其一生所扮演的各种不同角色；三是深度层面，即扮演每个角色时所投入的程度。这三者的结合，就是萨柏所理解的生涯。

第6课 了解我的职业价值观▶

教学目标： 这堂课结束时，学员能够：

1. 明确自身的重要职业价值观。
2. 了解职业价值观对职业生涯发展的影响。
3. 正确认识自己的职业价值观并理解其与工作的关系。

教具准备： 多媒体设备、黑（白）板、粉笔（白板笔）、价值额度代金券等。

授课时间： 90分钟（第一天下午14：45—16：15）。

时间	内容概述	授课方法和内容	教具准备	相关资料
15分钟	介绍职业价值观	讲授法 1. 讲授职业价值观概念 2. 讲授职业价值观对职业生涯发展的重要作用 3. 讲授马斯洛需求层次与职业价值观的关系，并投射到职业生涯发展领域予以说明 4. 指导学员辨明不同需求层次的职业价值观	多媒体设备	教材第22~24页
50分钟	职业价值观大拍卖	讲授法、练习法 1. 展示重要职业价值观列表 2. 讲师介绍职业价值观大拍卖活动流程 3. 组织学员完成职业价值观大拍卖活动	多媒体设备 黑（白）板 粉笔（白板笔） 价值额度代金券	教材第24页 练习8 求职档案5 实训工具2
15分钟	学员分享及反思	讲授法、讨论法 1. 请学员比较自己购得的职业价值观与预定的自认为重要的项目 2. 启发学员思考并分享职业价值观对职业生涯发展的影响 3. 讲授会阻碍职业生涯发展的职业价值观	多媒体设备 黑（白）板 粉笔（白板笔）	

续表

时间	内容概述	授课方法和内容	教具准备	相关资料
10分钟	总结	讲授法 1. 回顾本课要点 2. 询问学员是否有疑问，对学员提出的疑问给予反馈 3. 布置课后作业：霍兰德职业兴趣倾向测评	多媒体设备 黑（白）板 粉笔（白板笔）	

 操作说明　职业价值观大拍卖

1. 活动目的

帮助学员澄清自己的职业价值观。

2. 活动流程

讲师担任拍卖活动主持人。

（1）每位学员拿到1 000万元的价值额度代金券，代表可以自由投注于职业世界的金钱。每项的底价是100万元，每次加价幅度必须是50元的倍数。

（2）正式拍卖前学员有5分钟的时间思考想要购买的标的物顺序以及愿意投注的最高价，将其填入"职业价值观拍卖表"（实训工具2）中。

（3）同一项目，以出价最先、最高者购得。

（4）拍卖结束后，请学员将购得项目的出价结果记录在"职业价值观拍卖表"中。

（5）引导学员思考与分享：

● 在刚才的拍卖会中，"我"买了哪些项目？是否为原先自认为最重要的项目？

● 有没有"我"本来想买却没有购得的项目？有何感想？

● 在拍卖过程中，"我"的心情如何？

● 有没有比金钱更重要或比金钱带来更大满足感的事物？

● "我"所看重的项目代表什么价值？什么职业里能充分体现这种价值？

职业价值观拍卖标的物与其代表价值对照清单	
待出售的职业	代表的价值
1. 有吸引力，受人欢迎	外表，被赏识
2. 健康状况良好	健康，心理健康
3. 真正了解自己	智慧，自我了解，内心和谐
4. 每年赚 100 万元	财富，高收入，钱，利润
5. 最有影响力	权利，领导能力，晋升
6. 有温馨的家庭生活	家庭关系，生活方式
7. 参加社会活动	审美，休闲，刺激
8. 不抱偏见	公平，正义，诚实，道德
9. 给弱势群体以帮助	利他主义，帮助他人，友谊
10. 做喜欢做的事情	自主，独立，生活方式
11. 有自己渴望的工作或收入	工作保障，稳定，固定工作
12. 了解生活的意义	智慧，真理，个人成长
13. 达到精通和成功	成就，技能，赏识
14. 获得良好的学习条件	知识，智力方面的鼓励
15. 付出和接受爱	慈爱，爱，友谊
16. 冒险，迎接挑战	冒险，兴奋，竞争
17. 产生新思想	创造性，多样性，变化性
18. 自主决定工作条件	自由，独立，个人权利
19. 为世界奉献美	审美，艺术性的创造
20. 赢得荣誉和声望	被赏识，炫耀，威望
21. 休长假	休闲时间，放松，健康

第 7 课　　找到我的职业兴趣▶

教学目标： 这堂课结束时，学员能够：

1. 认识霍兰德职业兴趣理论。
2. 找出自己的霍兰德职业兴趣代码及对应职业。
3. 探索自身性格、职业兴趣与未来职业发展的关系。

教具准备： 多媒体设备、黑（白）板、粉笔（白板笔）、白板纸等。

授课时间： 90 分钟（第二天上午 9∶15—10∶45）。

时间	内容概述	授课方法和内容	教具准备	相关资料
10 分钟	介绍职业兴趣	讲授法 1. 讲授职业兴趣概念 2. 讲授职业兴趣与职业发展的关系	多媒体设备	教材第 24~28 页 求职档案 6 实训工具 3
40 分钟	兴趣岛游戏	练习法 1. 介绍 6 个岛屿的基本情况 2. 组织学员完成岛屿选择 3. 组织学员分组完成岛屿海报设计	多媒体设备	
20 分钟	兴趣探索分享	讨论法、演示法 1. 各岛屿派代表上台展示并分享海报内容 2. 介绍每个岛屿对应的职业兴趣类别及代码	白板纸	
10 分钟	职业兴趣探索	讲授法、练习法 1. 指导学员根据霍兰德职业兴趣倾向测评结果找出自身职业兴趣三位代码 2. 结合工作世界地图指导学员探索适合自己的职业	多媒体设备	教材第 28 页 练习 9 实训工具 3
10 分钟	总结	讲授法 1. 回顾本课要点 2. 询问学员是否有疑问，对学员提出的疑问给予反馈	多媒体设备 黑（白）板 粉笔（白板笔）	

 **操作说明　兴趣岛游戏**

1. 讲师介绍游戏背景（讲师扮演机长角色）

大家为了缓解工作疲劳，乘飞机去度假。途中，飞机的发动机突然出现问题，飞机必须迫降。机长（讲师）通过广播告诉大家："乘客们，不要惊慌，我们很幸运，现在距离六个岛屿都不远，可以迫降在其中任何一个岛屿上。只是这六个岛屿各不相同，岛屿上的人也都做着不同的事情，每个人只能选择去其中的一个岛屿。下面我将每个岛屿的情况向大家介绍一下，大家可以思考一下再决定自己要去哪个岛屿。"接下来，机长依次介绍了六个岛屿的基本情况。

第一个岛屿是自然原始岛（R）——岛屿上保留有热带原始森林，自然生态保护得很好，也有颇具规模的动物园、植物园、水族馆等；岛屿上居民以手工见长，自己种植花果蔬菜、修理房屋、打造器物、制作各种工具等。

第二个岛屿是深思冥想岛（I）——岛屿上人烟稀少，建筑物多偏处一隅，平川绿野，适合夜观星象。岛屿上有天文馆、科博馆以及科学图书馆等。岛屿上居民喜好沉思、探求真知，喜欢与来自各地的科学家、哲学家、心理学家等交换心得。

第三个岛屿是美丽浪漫岛（A）——岛屿上有美术馆、音乐厅，弥漫着浓厚的艺术文化气息。同时，当地原住民还保留了传统的舞蹈、音乐与绘画，许多艺术和文艺界的朋友都喜欢在这里找寻灵感。

第四个岛屿是温暖友善岛（S）——岛屿上居民个性温和、十分友善、乐于助人，社区均自成一个密切互动的服务网络，人们互助合作，重视教育，充满人文气息。

第五个岛屿是显赫富足岛（E）——岛屿上居民热情豪爽，善于贸易经营。岛屿上经济高度发展，处处是高级饭店、俱乐部、高尔夫球场，来往者多是企业家、经理人、政治家、律师等，衣香鬓影，夜夜笙歌。

第六个岛屿为现代井然岛（C）——岛屿上建筑十分现代化，是进步的都市形态，以完善的户政管理、地政管理、金融管理见长。岛民个性冷静保守，处事有条不紊，善于建立规则。

每个人可以选择任一岛屿降落，选择之前须注意的问题是：虽然每个岛屿的生活设施都很完善，但与外界没有联络；降落后可能要在这个岛屿上待几个月才能遇到救援船，这段时间要在岛屿上工作和生活。

2. 讲师引导学员做出兴趣岛的选择

（1）按照上面的条件，第一选择是迫降至哪个岛屿？

（2）如果第一选择不行，可以做第二选择，选择哪个岛屿？

（3）如果第二选择也不行，可以做第三选择，选择哪个岛屿？

3. 根据学员的第一选择进行分组，相同选择的学生为一组，请每组设计一张海报，内容可包括岛屿名称、岛屿 logo、3 个月内在岛屿上完成的十条计划等。

第8课　认识我的职业性格▶

教学目标：这堂课结束时，学员能够：

1. 了解 MBTI 职业性格类型。

2. 明晰自己所属的职业性格类型。

3. 探索适合自己的职业发展方向。

教具准备：多媒体设备、黑（白）板、粉笔（白板笔）。

授课时间：45 分钟（第二天上午 11：00—11：45）。

时间	内容概述	授课方法和内容	教具准备	相关资料
10 分钟	介绍职业性格	讲授法 1. 讲授职业性格概念 2. 讲授性格与职业发展的关系	多媒体设备	教材第 29 页
15 分钟	介绍 MBTI 职业性格类型	讲授法、案例分析法 1. 介绍 MBTI 职业性格类型，按照每个维度（E-I、S-N、T-F、J-P）进行讲解，讲解过程中穿插情景案例讨论 2. 指导学员根据自己的性格类型思考自己可能适合的职业发展方向	多媒体设备	教材第 29~33 页
15 分钟	职业性格探索	练习法、演示法 1. 进行 MBTI 职业性格测评，探索适合自己的职业方向 2. 学员代表分享个人探索结果	多媒体设备	教材第 33 页 练习 10 求职档案 7 实训工具 4
5 分钟	总结	讲授法 1. 回顾本课要点 2. 询问学员是否有疑问，对学员提出的疑问给予反馈	多媒体设备 黑（白）板 粉笔（白板笔）	

MBTI 性格类型的职业倾向

ISTJ	ISFJ	INFJ	INTJ
• 天文学家	• 内科医生	• 特殊教育教师	• 知识产权律师
• 数据库管理人员	• 营养师	• 建筑设计师	• 设计工程师
• 会计	• 室内装潢设计师	• 职业咨询顾问	• 精神分析师
• 房地产经纪人	• 客户服务专员	• 心理咨询师	• 心脏病专家
• 侦探	• 记账员	• 网站编辑	• 媒体策划
• 行政管理人员	• 特殊教育教师	• 作家	• 网络管理员
• 信用分析师	• 酒店管理人员	• 仲裁人员	• 建筑师
ISTP	**ISFP**	**INFP**	**INTP**
• 计算机程序员	• 按摩师	• 心理学家	• 软件设计师
• 警察	• 客户服务专员	• 人力资源管理人员	• 风险投资家
• 软件开发员	• 服装设计师	• 翻译	• 法律仲裁人员
• 律师助理	• 厨师	• 社会工作者	• 金融分析师
• 消防员	• 护士	• 图书管理员	• 音乐家
• 私人侦探	• 牙医	• 服装设计师	• 知识产权律师
• 药剂师	• 旅游管理人员	• 编辑/网站设计师	• 网站设计师
ESTP	**ESFP**	**ENFP**	**ENTP**
• 企业家	• 幼教老师	• 管理咨询顾问	• 企业家
• 股票经纪人	• 公关专员	• 演员	• 投资银行家
• 保险经纪人	• 职业规划咨询师	• 平面设计师	• 广告创意总监
• 土木工程师	• 促销员	• 艺术指导	• 文案
• 旅游管理人员	• 演员	• 公司团队培训师	• 电视主持人
• 电子游戏开发员	• 海洋生物学家	• 心理学家	• 演员
• 房地产开发商	• 销售人员	• 人力资源管理人员	• 大学校长
ESTJ	**ESFJ**	**ENFJ**	**ENTJ**
• 公司首席执行官	• 零售商	• 广告客户管理人员	• 公司首席执行官
• 军官	• 护士	• 杂志编辑	• 管理咨询顾问
• 预算分析师	• 按摩师	• 电视制作人	• 政治家
• 药剂师	• 运动教练	• 市场专员	• 教育咨询顾问
• 房地产经纪人	• 餐饮业管理人员	• 作家	• 投资顾问
• 保险经纪人	• 旅游管理人员	• 社会工作者	• 法官

第 9 课　评估我的职业能力 ▶

教学目标： 这堂课结束时，学员能够：

1. 认识职业能力的重要性。
2. 理解职业能力的分类。
3. 发掘自身拥有的能力。
4. 撰写成就故事。
5. 熟练运用 STAR 法表述自己的成就故事，总结归纳自己的优势能力。

教具准备： 多媒体设备、黑（白）板、粉笔（白板笔）、空白 A4 纸（每位学员至少 1 张）。

授课时间： 90 分钟（第二天下午 13：00—14：30）。

时间	内容概述	授课方法和内容	教具准备	相关资料
10 分钟	介绍职业能力	讲授法 1. 讲授职业能力概念 2. 讲授职业能力对职业发展的重要作用	多媒体设备	教材第 33~37 页
15 分钟	介绍职业能力分类	讲授法、练习法 1. 组织学员开展"夸夸我自己"主题活动：请学员在 5 分钟内尽可能多地写出自己具备的能力 2. 指导学员对自己的职业能力进行分类，明确职业能力的重要性	多媒体设备	教材第 37 页 练习 11
15 分钟	成就事件罗列	练习法、讨论法 1. 请学员在 5 分钟内尽可能多地写出自己的成就事件 2. 分组讨论交流各自的成就事件	多媒体设备 空白 A4 纸（每位学员至少 1 张）	教材第 37 页 练习 11 求职档案 8 实训工具 5
25 分钟	介绍成就故事法（STAR 法）	讲授法、练习法 1. 讲授 STAR 法 2. 讲授成就故事案例，介绍成就故事的意义 3. 指导学员将自己的一件成就事件扩写为成就故事	多媒体设备	教材第 37 页 练习 11 求职档案 9、10 实训工具 6、7

续表

时间	内容概述	授课方法和内容	教具准备	相关资料
20分钟	分享成就故事	练习法、讨论法 1. 分组练习，每3~4人一组，每位学员向同伴讲述自己的成就故事，注意运用STAR法，同伴对故事进行反馈，指出其中体现的能力，特别是学员本人没有意识到的能力 2. 指导学员基于同伴的反馈总结归纳自己的优势能力	无	
5分钟	总结	讲授法 1. 回顾本课要点 2. 询问学员是否有疑问，对学员提出的疑问给予反馈	多媒体设备 黑（白）板 粉笔（白板笔）	

 **操作说明　夸夸我自己**

1. 能力初探：成就事件回忆表

回忆并写下生活中"我"做过的带给自己巨大快乐和成功感的5~7件事情。每件事情应包括以下内容："我"要实现的目标是什么，在完成这件事情上障碍是什么，"我"具体做了哪些事情，取得了什么成就，用什么能够度量自己的成就。

2. 能力提升：成就故事、能力探索表

（1）利用STAR法写下自己的成就故事。

STAR是situation，task，action，result的缩写，具体含义是：situation，事情在什么情况下发生；task，任务；action，针对这样的情况分析，我采用了什么行动方式；result，结果怎样，在这样的情况下我学到了什么。采用STAR法，至少写下生活中令"我"有成就感的5个具体事件。

注意：不用考虑是否挣钱或者事件有多大，只要符合"我喜欢做这件事"和"我对结果感到自豪"这两条标准，就可以被视为"成就"。

（2）经过组内分享和交流反馈，对"我"的成就故事进行分析，看看自己在其中使用了哪些能力，最后对这5个成就故事所使用的能力进行归纳和总结分析，重点分析自己最突出的能力，并填入能力探索表。

3. 能力展望：能力提升表

在心中想象一个自己特别向往的职业，仔细思考这一职业所需要的能力有哪些，这些能力中"我"已经具备的能力有哪些，还需要提升的能力有哪些。

第 10 课　发现我的更多职业机会 ▶

教学目标：这堂课结束时，学员能够：

1. 了解当前紧缺职业、新职业、新就业形态等信息。
2. 打开求职就业新思路，发现更多职业机会。
3. 对求职就业做更全面的思考。

教具准备：多媒体设备、黑（白）板、粉笔（白板笔）。

授课时间：45 分钟（第二天下午 14：45—15：30）。

时间	内容概述	授课方法和内容	教具准备	相关资料
15 分钟	介绍职业相关知识	讲授法 　讲授职业分类相关知识	多媒体设备 黑（白）板 粉笔（白板笔）	教材第 39 页
10 分钟	阐述新形势下对求职就业的理解	讲授法、头脑风暴法 　1. 组织学员用头脑风暴法列举紧缺职业、新职业、新就业形态 　2. 讲授紧缺职业、新职业、新就业形态产生的背景	多媒体设备 黑（白）板 粉笔（白板笔）	
15 分钟	介绍紧缺职业、新职业、新就业形态及其发展前景	讲授法、案例分析法 　1. 讲授获取紧缺职业、新职业、新就业形态信息的路径 　2. 讲授在紧缺职业、新职业、新就业形态就业需要哪些能力 　3. 讲授紧缺职业、新职业、新就业形态发展前景 　4. 讲授并指导学员努力适应紧缺职业、新职业、新就业形态的发展	多媒体设备 黑（白）板 粉笔（白板笔）	教材第 39~42 页 教材第 43 页 练习 12 求职档案 11
5 分钟	总结	讲授法 　1. 回顾本课要点 　2. 询问学员是否有疑问，对学员提出的疑问给予反馈	多媒体设备	

第 11 课　认识我的意向岗位

教学目标： 这堂课结束时，学员能够：

1. 了解自己与意向岗位的匹配度。
2. 掌握找到适合自己的意向岗位分析方法。
3. 掌握网络搜索岗位的方法。
4. 学会多方位解读招聘信息的方法。

教具准备： 多媒体设备、黑（白）板、粉笔（白板笔）。

授课时间： 45 分钟（第二天下午 15：30—16：15）。

时间	内容概述	授课方法和内容	教具准备	相关资料
15 分钟	分析岗位工作信息与求职成功、就业稳定的关系	讲授法、案例分析法 1. 讲授兴趣爱好与岗位工作的关系 2. 讲授入职资历对岗位工作的影响 3. 讲授生活方式对岗位工作的影响 4. 讲授工作场所对岗位工作的影响 5. 讲授行业现状对岗位工作的影响（帮助学员了解薪酬、发展周期领域内的竞争度）	多媒体设备 黑（白）板 粉笔（白板笔）	教材第 43~48 页
10 分钟	获取岗位信息	讲授法、练习法 1. 讲授搜索就业岗位的渠道 2. 讲授搜索方法，如关键词、筛选条件等	多媒体设备 黑（白）板 粉笔（白板笔）	教材第 58~60 页

续表

时间	内容概述	授课方法和内容	教具准备	相关资料
10分钟	解读岗位招聘信息	讲授法、练习法 1. 指导学员解读意向岗位任职要求，如学历、年龄、工作经验等 2. 指导学员解读意向岗位职责信息，如工作内容、工作目标、临时交代的工作任务等 3. 指导学员解读意向岗位薪资福利、工作地点、招聘人数等信息 4. 指导学员解读招聘单位信息	多媒体设备 黑（白）板 粉笔（白板笔）	教材第60~63页 教材第63页 练习16
10分钟	总结	讲授法、练习法 1. 指导学员填写"意向岗位表" 2. 回顾本课要点 3. 询问学员是否有疑问，对学员提出的疑问给予反馈 4. 布置课后作业：完成求职档案12~14，实训工具8~10	多媒体设备	求职档案12~15 实训工具8~11

第12课　厘清我的意向岗位▶

教学目标： 这堂课结束时，学员能够：
　　　　　1. 梳理个人求职意向及择业目标。
　　　　　2. 通过互助的形式厘清个人意向岗位。

教具准备： 多媒体设备、黑（白）板、粉笔（白板笔）。

授课时间： 90分钟（第三天上午9：15—10：45）。

时间	内容概述	授课方法和内容	教具准备	相关资料
30分钟	岗位互助匹配	练习法 　1. 指导学员互助，根据意向岗位表为他人搜索意向岗位招聘信息（每个意向岗位选出2条招聘信息） 　2. 指导学员完成岗位匹配表并交与行政部	多媒体设备 黑（白）板 粉笔（白板笔）	教材第68~69页 求职档案16 实训工具12
40分钟	岗位匹配大会	讨论法 　1. 指导学员通过自助、互助、他助的方式找到匹配的岗位 　2. 指导学员根据岗位匹配表思考自己的求职意向，重新审视自己的意向岗位	多媒体设备 黑（白）板 粉笔（白板笔）	
20分钟	总结	讨论法 　分组讨论：一份工作对自身而言最重要的是什么	多媒体设备	

 操作说明　岗位匹配大会

　　1. 指导学员从不同角度观察自己与意向岗位的距离，帮助学员思考自身对于岗位的要求是否合理。

　　2. 寻找学员在探索意向岗位中的困惑点或盲点，帮助学员了解自己的意向岗位与真实就业市场是否匹配。

　　3. 加深学员对岗位的理解，确认学员最看重的工作要素。

第 13 课　做出我的职业决策▶

教学目标： 这堂课结束时，学员能够：
　　1. 学会使用职业决策平衡单厘清意向岗位。
　　2. 确认与自身条件匹配的意向岗位。

教具准备： 多媒体设备、黑（白）板、粉笔（白板笔）。

授课时间： 45 分钟（第三天上午 11：00—11：45）。

时间	内容概述	授课方法和内容	教具准备	相关资料
10 分钟	介绍职业决策平衡单	讲授法 1. 讲授职业决策平衡单的构成 2. 讲授职业决策平衡单的使用方法	多媒体设备 黑（白）板 粉笔（白板笔）	教材第 64~67 页
15 分钟	使用职业决策平衡单分析意向岗位	讲授法、练习法 1. 指导学员列出自己选择该意向岗位时考虑的因素 2. 指导学员衡量工作岗位中每个因素的权重 3. 指导学员确认自己相对满意的意向岗位	多媒体设备 黑（白）板 粉笔（白板笔）	教材第 67 页 练习 17 求职档案 17 实训工具 13
20 分钟	总结	讲授法 1. 邀请学员进行平衡单分享 2. 回顾本课要点 3. 询问学员是否有疑问，对学员提出的疑问给予反馈	多媒体设备	

操作说明　职业决策平衡单的使用方法

　　1. 列出自己选择工作时的考虑因素，按重要程度由大到小排序，取前 10 个列入职业决策平衡单中。

　　2. 分别给出每个考虑因素的权重（1~5 分）。

3. 针对每个考虑因素，对应给出每个意向岗位在该考虑因素上的分数（1~10分）。

4. 将权重和分数相乘，计入各加权分数框中。

5. 统计3个意向岗位的总分，并按高低排定优选次序。

此优选次序可作为职业决策的依据。

第 14 课　策划我们的路演▶

教学目标： 这堂课结束时，学员能够：
1. 了解筹备路演的流程。
2. 明确筹备过程中各部门的职责分工。
3. 明确筹备过程中部门成员的工作任务。

教具准备： 多媒体设备、黑（白）板、粉笔（白板笔）。

授课时间： 45 分钟（第三天下午 13：00—13：45）。

时间	内容概述	授课方法和内容	教具准备	相关资料
5 分钟	介绍路演整体计划	讲授法 1. 组织学员观看《非你莫属》视频片段 2. 利用甘特图为学员讲解路演整体计划	多媒体设备 黑（白）板 粉笔（白板笔）	教材第 115~117 页
10 分钟	介绍路演筹备计划及各部门职责	头脑风暴法、讲授法 1. 引导学员自由发言，列举路演筹备工作内容 2. 利用工作分解表为学员讲解各部门分工及职责 3. 组织学员推选路演主持人并布置任务	多媒体设备	实训工具 14
13 分钟	制作工作分解表	讲授法、讨论法、练习法 1. 指导各部门制作工作分解表 2. 组织召开部长会议（各部门工作开始 5 分钟后）：了解各部门初步进度和工作安排，以及目前遇到的问题并给予建议	多媒体设备 黑（白）板 粉笔（白板笔）	实训工具 15

续表

时间	内容概述	授课方法和内容	教具准备	相关资料
12分钟	制作甘特图	讲授法、讨论法、练习法 1. 指导各部门制作甘特图 2. 组织召开部长会议（各部门工作开始5分钟后）：确认各部门筹备工作进展情况	多媒体设备	实训工具16
5分钟	总结	讲授法 1. 回顾本课要点 2. 询问学员是否有疑问，对学员提出的疑问给予反馈	多媒体设备	

注：从此课开始，除规定课程外，需要见缝插针地进行路演筹备。

第 15 课　演练我们的职场表达能力 ▶

教学目标： 这堂课结束时，学员能够：

1. 掌握具体职业场景下的表达和沟通技巧。
2. 掌握工作汇报的方法。

教具准备： 多媒体设备、黑（白）板、粉笔（白板笔）、职场角色抽签纸。

授课时间： 45 分钟（第三天下午 13：45—14：30）。

时间	内容概述	授课方法和内容	教具准备	相关资料
15 分钟	介绍逻辑表达、有效沟通、工作汇报	讲授法 讲授逻辑表达、有效沟通、工作汇报相关知识	多媒体设备 黑（白）板 粉笔（白板笔）	教材第 123~128 页 教材第 130~135 页
30 分钟	职场角色体验	讨论法、角色扮演法、讲授法 1. 组织学员扮演不同职场角色，进行 1 分钟自我介绍（职场角色由学员抽签确定） 2. 对学员表现进行现场点评（也可组织学员互评）	多媒体设备 黑（白）板 粉笔（白板笔） 职场角色抽签纸	教材第 128~130 页 实训工具 17

注：讲师可设定自我介绍的要素，如教育背景、从业经历、特点专长等。

 **操作说明　职场角色体验**

共设置工作场景和职场角色 18 组，每一张职场角色抽签纸上都标有一组场景和角色。讲师可根据学员人数准备抽签纸的数量和练习形式。比如 18 人以内的培训班，讲师可对角色和场景进行筛选，保证角色的多元化，以免身份重复；18 人及以上的培训班，讲师可对学员进行分组，按组抽签准备。

第 16 课　演练我们的团队协作能力▶

教学目标：这堂课结束时，学员能够：
1. 理解团队的意义。
2. 掌握简单的时间管理方法。

教具准备：多媒体设备、黑（白）板、粉笔（白板笔）、场景模拟任务纸。

授课时间：90 分钟（第三天下午 14：45—16：15）。

时间	内容概述	授课方法和内容	教具准备	相关资料
15 分钟	介绍团队协作、时间管理	讲授法 讲授团队协作、时间管理相关知识	多媒体设备 黑（白）板 粉笔（白板笔）	教材第 118～123 页
70 分钟	模拟演练	讨论法、练习法、角色扮演法 1. 以路演的筹备和运行为例，设置团队分工、工作汇报、应急处置、冲突解决、会后总结等招聘会中的典型场景，组织学员分组准备（每 3 人一组，用时 15 分钟） 2. 组织各小组依次上台演练（如小组较多，也可选择部分小组上台），其他学员记录亮点与不足，为互评做准备 3. 组织学员互评 4. 讲师做总结点评	多媒体设备 场景模拟任务纸	实训工具 18
5 分钟	总结	讲授法 1. 回顾本课要点 2. 询问学员是否有疑问，对学员提出的疑问给予反馈	多媒体设备	

注：模拟演练的目的在于训练学员的逻辑表达能力、沟通能力和团队协作能力。

第 17 课　设计与制作我的简历▶

教学目标：这堂课结束时，学员能够：

1. 掌握设计与制作简历的要点。

2. 完善自己的简历。

教具准备：多媒体设备、黑（白）板、粉笔（白板笔）。

授课时间：90 分钟（第四天上午 9：15—10：45）。

时间	内容概述	授课方法和内容	教具准备	相关资料
30 分钟	介绍简历制作的要点	讲授法、案例分析法 1. 讲授简历的作用、构成和基本类型 2. 讲授简历的撰写要领及注意事项 3. 举例介绍几种常用的简历模板及常用的简历模板搜索路径	多媒体设备 黑（白）板 粉笔（白板笔）	教材第 87~97 页
30 分钟	现场制作简历	练习法 　　指导学员现场制作并完善个人简历（结合个人意向岗位设计与制作）	多媒体设备 黑（白）板 粉笔（白板笔）	教材第 97 页 练习 21 求职档案 18~20 （按需粘贴）
30 分钟	简历互评	练习法、讨论法 1. 组织学员分组，对简历进行交互批改并评选出组内最优简历 2. 各组派代表分享组内最优简历，评选班内最优简历	多媒体设备	

第 18 课　掌握我的简历投递方法 ▶

教学目标： 这堂课结束时，学员能够：

1. 掌握求职信撰写技巧。
2. 了解简历投递渠道。
3. 掌握简历有效投递方法。

教具准备： 多媒体设备、黑（白）板、粉笔（白板笔）。

授课时间： 45 分钟（第四天上午 11：00—11：45）。

时间	内容概述	授课方法和内容	教具准备	相关资料
10 分钟	介绍求职信撰写要点	讲授法 1. 讲授撰写求职信的目的 2. 讲授撰写求职信的关键要素	多媒体设备 黑（白）板 粉笔（白板笔）	教材第 101~104 页
10 分钟	撰写求职信	练习法、讲授法 指导学员撰写一封求职信（结合个人意向岗位撰写）	多媒体设备	教材第 104 页 练习 23 求职档案 21
10 分钟	介绍简历投递渠道和方法	讲授法、案例分析法 1. 讲授简历投递渠道 2. 讲授简历投递方法	多媒体设备 黑（白）板 粉笔（白板笔）	教材第 97~101 页
15 分钟	总结	讲授法、案例分析法 1. 举例介绍优秀简历及好的投递渠道 2. 布置课后作业：完善我的简历和求职信	多媒体设备 黑（白）板 粉笔（白板笔）	

第 19 课　陈述我的简历▶

教学目标： 这堂课结束时，学员能够：

1. 清晰表达自己的能力。
2. 掌握在面试中阐述自己过往的方法。
3. 提高应对面试的自信心，自如得体地应对面试。

教具准备： 多媒体设备、黑（白）板、粉笔（白板笔）、空白 A4 纸（每名学员至少 1 张）。

授课时间： 180 分钟（第四天下午 13∶00—16∶15，含课间休息 15 分钟）。

时间	内容概述	授课方法和内容	教具准备	相关资料
25 分钟	准备自我介绍	讲授法、练习法 1. 讲授自我介绍内容设计要点 2. 指导学员按 STAR 原则准备自我介绍（结合个人简历罗列自我介绍内容）	多媒体设备 黑（白）板 粉笔（白板笔） 空白 A4 纸（每名学员至少 1 张）	教材第 105~111 页
60 分钟	第一次自我介绍	演示法、练习法、讲授法 1. 组织学员依次上台做 3 分钟自我介绍，其他学员注意观察和记录他人自我介绍中的亮点和不足 2. 组织学员互评，自我发现问题 3. 讲师从声音、肢体语言、陈述细节等方面对学员自我介绍进行点评并提出要求	多媒体设备 黑（白）板 粉笔（白板笔）	
15 分钟	改进自我介绍	练习法 1. 指导学员综合其他学员和讲师的点评自行改进自我介绍 2. 学员在部门内分享自我介绍内容	无	

续表

时间	内容概述	授课方法和内容	教具准备	相关资料
75分钟	第二次自我介绍	演示法、练习法、讲授法 1. 组织学员依次上台做3分钟自我介绍，其他学员注意观察和记录他人改进后的自我介绍中的亮点 2. 讲师对学员改进后的自我介绍逐一点评	多媒体设备 黑（白）板 粉笔（白板笔）	
5分钟	总结	讲授法 1. 回顾本课要点 2. 询问学员是否有疑问，对学员提出的疑问给予反馈	多媒体设备	

注：每次自我介绍环节的总时长可依据学员人数做相应调整，或适当调整每名学员自我介绍的时间。

第 20 课　提高我的面试技巧▶

教学目标： 这堂课结束时，学员能够：

1. 了解面试形式、种类和规范。
2. 学习基本面试技巧和礼仪规范。
3. 掌握面试应答方法。

教具准备： 多媒体设备、音响设备、黑（白）板、粉笔（白板笔）。

授课时间： 90 分钟（第五天上午 9：15—10：45）。

时间	内容概述	授课方法和内容	教具准备	相关资料
25 分钟	介绍面试知识	讲授法、演示法 1. 讲授面试的基本类型 2. 讲授面试的礼仪规范和其他注意事项	多媒体设备 黑（白）板 粉笔（白板笔）	教材第 105～111 页
55 分钟	演练面试技巧	讲授法、练习法 1. 讲授面试应答技巧 2. 指导学员练习面试技巧，帮助学员理解常见面试问题的应答方法	多媒体设备 音响设备	
10 分钟	总结	讨论法、讲授法 1. 分组讨论，指导学员总结面试技巧 2. 对学员面试练习进行点评 3. 询问学员是否有疑问，对学员提出的疑问给予反馈	多媒体设备	

第 21 课　演练我的面试能力▶

教学目标： 这堂课结束时，学员能够：

1. 掌握面试的基本礼仪。

2. 掌握面试中常见问题的应答方法。

3. 学会甄别企业的方法。

4. 有效提高面试自信心。

教具准备： 多媒体设备、黑（白）板、粉笔（白板笔）、摄像机或手机。

授课时间： 45 分钟（第五天上午 11：00—11：45）。

时间	内容概述	授课方法和内容	教具准备	相关资料
30 分钟	模拟面试	**角色扮演法、练习法** 1. 讲师与学员共同扮演企业面试官，选择其他 2 名学员进行模拟面试（需拍摄模拟面试的全过程视频） 2. 组织学员自评，发现面试过程中存在的问题 3. 给出学员面试的改进建议	摄像机或手机	教材第 111~112 页 教材第 112 页练习 24 求职档案 22 实训工具 19
10 分钟	企业甄别	**讲授法** 1. 讲授通过网络信息搜索甄别企业的方法（招聘广告、信用系统等） 2. 讲授通过人际网络甄别企业的方法（面试官、企业 HR、亲朋好友、专业职业指导师等） 3. 讲授通过劳动合同条款甄别企业的方法 4. 讲授其他甄别企业的方法	多媒体设备 黑（白）板 粉笔（白板笔）	教材第 112~114 页
5 分钟	总结	**讲授法** 1. 回顾本课要点 2. 询问学员是否有疑问，对学员提出的疑问给予反馈	多媒体设备	

注：1. 需安排可用作面试室的房间或空间。

2. 需拍摄视频记录面试全过程，有条件的情况下，最好用两台设备来拍摄，一台设备用于拍摄面试官，另一台设备用于拍摄求职者。

3. 如不便于拍摄视频，也可使用录音笔记录面试全过程。

第22课　走近我的意向岗位▶

教学目标： 这堂课结束时，学员能够：

1. 了解企业真实工作环境，近距离了解自己的意向岗位。
2. 了解企业的用工要求及择人标准。
3. 体会职场人工作的心路历程。

教具准备： 无。

授课时间： 120分钟（第五天下午13：00—16：15，含75分钟往返企业的时间）。

时间	内容概述	授课方法和内容	教具准备	相关资料
30分钟	做好参访企业的准备	讲授法、讨论法、练习法 1. 简述参访企业的情况 2. 讲授参访企业的目的、流程和任务 3. 分组讨论，准备企业参访及岗位访谈问题	无	求职档案23 实训工具20
15分钟	企业实地参访	讲授法、实地考察法 由企业方带领学员参访企业，介绍企业工作环境和发展情况	无	教材第50~55页
15分钟	了解企业用工标准及各部门工作内容和职责	讲授法 由企业有关负责人进行企业宣传，讲解各部门职责及用工要求	由企业方安排场地并准备宣讲内容	
20分钟	职场访谈，了解岗位	访谈法 邀请相应岗位员工代表作为访谈对象，分组实施职场访谈	由企业方安排访谈对象	教材第57页 练习15

续表

时间	内容概述	授课方法和内容	教具准备	相关资料
30分钟	分享访谈心得及对于职场的认识	讨论法、演示法 1. 指导学员完成企业参访表 2. 各访谈小组内分享访谈心得及个人对于职场的认识 3. 各访谈小组派代表在班内作分享，交流访谈心得	无	
10分钟	总结	讲授法 1. 回顾本课要点 2. 询问学员是否有疑问，对学员提出的疑问给予反馈	无	

注：本课教学保障条件包括车辆安排（按需）、预约企业（实训营开营前应准备好候选企业名单）、确认访谈对象信息等。

第 23 课　梳理我的人岗匹配度

教学目标：这堂课结束时，学员能够：

1. 使用工具分析自我优势。

2. 明确个人职业优势。

3. 发现当前自身条件与意向岗位要求之间的距离。

教具准备：多媒体设备、黑（白）板、粉笔（白板笔）、空白 A4 纸（每位学员至少 1 张）。

授课时间：90 分钟（第六天上午 9：15—10：45）。

时间	内容概述	授课方法和内容	教具准备	相关资料
20 分钟	介绍职业优势分析方法	讲授法 1. 回顾职业优势分析测评法（职业性格、职业兴趣测评等，参见第 6~8 课练习） 2. 讲解 SWOT 分析工具在人岗匹配中的应用	多媒体设备 黑（白）板 粉笔（白板笔）	
30 分钟	个人职业优势分析练习	练习法 1. 指导学员填写个人优劣势分析表 （讲师需全程监督，并适当把控任务完成进度；观察员需记录学员表现） 2. 指导学员完成自我分析报告	空白 A4 纸（每位学员至少 1 张）	教材第 73~76 页 求职档案 24 实训工具 21
30 分钟	互助优化优劣势分析表	讨论法 1. 分组讨论，学员在组内分享个人优劣势分析情况，通过自评和互评发现自身思考优劣势时的盲点 2. 指导学员优化个人优劣势分析表	无	教材第 76 页 练习 18
10 分钟	总结	讲授法 1. 回顾本课要点 2. 询问学员是否有疑问，对学员提出的疑问给予反馈	多媒体设备	

第 24 课　谱写我的求职之路▶

教学目标： 这堂课结束时，学员能够：

1. 制订个人求职计划。
2. 学会对求职过程不断自我反省、复盘的方法，从而有效提升求职面试的成功率。

教具准备： 多媒体设备、黑（白）板、粉笔（白板笔）、空白 A4 纸（每位学员至少 1 张）。

授课时间： 45 分钟（第六天上午 11：00—11：45）。

时间	内容概述	授课方法和内容	教具准备	相关资料
10 分钟	引入 SMART 原则及 PDCA 循环	讲授法 1. 讲授 SMART 原则的应用 2. 讲授 PDCA 循环的应用	多媒体设备 黑（白）板 粉笔（白板笔）	教材第 76~86 页
20 分钟	制订个人提升计划	练习法 1. 指导学员应用 SMART 原则进行目标设定 2. 指导学员应用 PDCA 循环制订个人求职计划	多媒体设备 空白 A4 纸（每位学员至少 1 张）	教材第 82 页 练习 19 求职档案 25 实训工具 22
10 分钟	分享"我的心路历程"	演示法 邀请部分学员分享其个人求职计划	多媒体设备	
5 分钟	总结	讲授法 1. 介绍岗位投递信息、自我努力清单（求职过程中的努力轨迹）及面试复盘表的填写方法和要点 2. 回顾本课要点 3. 询问学员是否有疑问，对学员提出的疑问给予反馈	多媒体设备	教材第 86 页 练习 20 求职档案 26~28 实训工具 23~25

第25课　管理我的职场压力▶

教学目标：这堂课结束时，学员能够：

1. 正确认识压力和职场压力。
2. 了解常见的压力源及应对方式。
3. 积极应对职场压力。

教具准备：多媒体设备、黑（白）板、粉笔（白板笔）。

授课时间：90分钟（第六天下午13：00—14：30）。

时间	内容概述	授课方法和内容	教具准备	相关资料
15分钟	正确认识压力和职场压力	讲授法 1. 讲授压力、压力源概念和压力三要素及其特征 2. 讲授如何正确认识职场压力	多媒体设备 黑（白）板 粉笔（白板笔）	教材第135~139页
20分钟	压力测试	练习法、讨论法 1. 指导学员完成压力问卷测试 2. 引导学员思考：自己的压力程度属于哪一级，如何看待自己的压力程度 3. 分组讨论：压力来源于主观还是客观	多媒体设备	实训工具26
20分钟	分析压力产生的原因	案例分析法、讲授法 通过案例进行压力归因分析	多媒体设备 黑（白）板 粉笔（白板笔）	
25分钟	介绍解压方法	讲授法、演示法、练习法 阐释并示范几种有效的解压方法	多媒体设备	
10分钟	自我赋能与总结	练习法、讲授法 1. 引导学员进行积极自我对话和积极自我暗示，提升自信心 2. 介绍正确面对职场压力并及时疏导解压工具 3. 回顾本课要点内容 4. 询问学员是否有疑问，对学员提出的疑问给予反馈	多媒体设备	

 **操作说明　压力知觉量表测验结果解读**

压力知觉量表具有紧张感和失控感两个维度,由14个题目组成,分别为6个正向计分题目(1,2,3,8,11,14)和8个反向计分题目(4,5,6,7,9,10,12,13)。计分方法为:正向计分题目,"从不"计1分,"偶尔"计2分,"有时"计3分,"时常"计4分,"总是"计5分;反向计分题目,"从不"计5分,"偶尔"计4分,"有时"计3分,"时常"计2分,"总是"计1分;总分为14~70分。得分越高说明心理压力越明显。具体分析如下:

得分	说明
14~28分: 知觉到的压力较低	你当前的压力处于低水平,对自己当前的生活有足够的掌控能力,不会因为一些无法预期的事情发生而感到心烦意乱和惊慌失措
29~42分: 知觉到的压力适中	你生活中的兴奋与压力量也许是相当适中的。可能会有一段时间压力太大,但你也许有能力去享受压力,并且很快地回到平静状态,因此你面临的压力对自己的健康并不会造成威胁。不过做一些松弛的练习仍是有益的
43~56分: 知觉到的压力较高	你当前正经受较大的压力,它可能已经对你的身心健康造成负面影响,需要采取措施加以调节
57~70分: 知觉到的压力非常高	你的压力过大,身体可能出现了一些症状,你确实正以极度的压力反应在伤害自己的心理健康。你在面对那些模糊的、难以改变的、长期的压力问题时会显得束手无策和焦灼不安。你急需正确的压力管理,也可以寻求专业人员的帮助

第 26 课　筹备我们的路演（一）

教学目标： 这堂课结束时，学员能够：

1. 完成既定的路演策划工作任务。
2. 理解项目管理的流程与思路。

教具准备： 多媒体设备、黑（白）板、粉笔（白板笔）。

授课时间： 90 分钟（第六天下午 14：45—16：15）。

时间	内容概述	授课方法和内容	教具准备	相关资料
10 分钟	确认路演策划任务	讨论法 组织各部门部长会议，明确各部门工作任务与进度要求	多媒体设备 黑（白）板 粉笔（白板笔）	教材第 115~117 页
65 分钟	落实部门工作任务	练习法 各部门部长带领团队完成部门工作任务，讲师提供协助和指导	多媒体设备	教材第 123~128 页
10 分钟	复盘路演策划任务	讨论法 组织各部门部长会议，复盘当天工作情况并及时修正	多媒体设备 黑（白）板 粉笔（白板笔）	
5 分钟	总结	讲授法 1. 回顾本课要点 2. 询问学员是否有疑问，对学员提出的疑问给予反馈	多媒体设备	

第27课　明确我的就业观▶

教学目标： 这堂课结束时，学员能够：

1. 树立正确的就业观。
2. 明确就业的短、中、长期目标。

教具准备： 多媒体设备、黑（白）板、粉笔（白板笔）、正反方席卡。

授课时间： 90分钟（第七天上午9：15—10：45）。

时间	内容概述	授课方法和内容	教具准备	相关资料
5分钟	介绍先择业还是先就业话题	讲授法、案例分析法 分析案例，引出大学生先择业还是先就业的话题	多媒体设备	教材第10~16页
70分钟	学员阐述自己的就业观	练习法 组织学员开展有关先择业还是先就业的辩论	多媒体设备 黑（白）板 粉笔（白板笔） 正反方席卡	
15分钟	介绍职业生涯发展观	讲授法 1. 总结辩论赛，点评学员表现 2. 介绍职业生涯发展观，分析学员们的选择，引导学员树立正确的就业观并明确就业的短、中、长期目标	多媒体设备	

操作说明　辩论赛流程

1. 说明辩论规则（5分钟）

（1）将教室划分为主席台、择业方区域和就业方区域3个区域。学员自由选择择业方区域或就业方区域就座。

（2）每一方选出4名学员组成该方辩手团，其余学员组成该方助力团。辩论赛中，辩手团负责陈词，助力团负责观点补充和对抗赛。

（3）选出一名辩论赛主持人和计时员：主持人负责主持辩论赛、推进每个环节；计时员负责记录辩手陈词和用时并提醒辩手。

（4）辩论阶段，助力团成员可以根据辩手的陈词随时更改自己的选择，进入另一方区域就座，为另一方"站队"。待双方完成所有陈词后，助力团人数增加的一方为获胜方。

2. 准备阶段（30分钟）

（1）各方学员根据规则确定辩手团和助力团成员，如助力团人员较多，可进行二次分组，每组3~5名成员为佳。

（2）辩手团成员讨论确定出场顺序，准备己方论点、论据。

（3）助力团内分组讨论己方的论点、论据，15分钟后各小组派代表去己方辩手团汇报讨论结果，帮助己方辩手团夯实论点、增添论据；剩余时间准备对抗赛时己方的提问和应答对方可能发出的提问。

3. 辩论阶段（20~25分钟）

（1）双方前3名辩手依序陈词，每人陈词用时不超过2分钟，助力团成员在规定时间内可以做观点补充。

（2）展开对抗赛，双方助力团成员互问互答，每方用时不超过2分钟。

（3）双方第4名辩手结辩陈词，用时不超过2分钟。

（4）计算现场择业方区域和就业方区域助力团人数，人数较开始时增加的一方为获胜方。

第 28 课　筹备我们的路演（二）

教学目标：这堂课结束时，学员能够：

1. 明确项目管理流程与步骤。

2. 学会项目管理的统筹策划思维与方法。

3. 完成路演策划既定任务。

教具准备：多媒体设备、黑（白）板、粉笔（白板笔）。

授课时间：45 分钟（第七天上午 11：00—11：45）。

时间	内容概述	授课方法和内容	教具准备	相关资料
5 分钟	确认路演执行任务	讨论法 组织各部门部长会议，明确各部门剩余工作	多媒体设备 黑（白）板 粉笔（白板笔）	
30 分钟	确保完成路演执行任务	练习法 各部门部长带领团队完成剩余部门工作任务，讲师实时提供协助和指导	多媒体设备 黑（白）板 粉笔（白板笔）	
10 分钟	检查路演筹备情况	讨论法 1. 各部门部长汇报部门筹备工作完成情况 2. 讲师对各环节工作进行复查	无	

第29课　让我们的职场表现更得体▶

教学目标： 这堂课结束时，学员能够：

1. 理解相关岗位的职业要求。

2. 掌握基本的职场礼仪。

教具准备： 多媒体设备、黑（白）板、粉笔（白板笔）、人物角色抽签纸、角色卡片等。

授课时间： 90分钟（第七天下午13：00—14：30）。

时间	内容概述	授课方法和内容	教具准备	相关资料
10分钟	制作职场身份卡片	练习法、讨论法 1. 指导学员抽取人物角色抽签纸，并根据抽到的角色信息填写角色卡片 2. 分组讨论，完善小组角色信息（将填写完整的角色卡片固定在学员身上） （注：讲师可以按照实际人数准备人物角色抽签纸，注意须选择能匹配到同一个工作场景的角色）	人物角色抽签纸 角色卡片	教材第139~146页 实训工具27
50分钟	职场礼仪模拟情景训练	讨论法、练习法、角色扮演法 1. 学员按照角色对应的情景自动分组 2. 学员相互交流角色的工作内容 3. 学员根据情景要求做模拟练习，讲师提醒学员需使用语言、肢体、道具等表现出得体的职场礼仪 4. 每组学员依次上台完成角色扮演练习，每组建议用时2~3分钟 （注：在此过程中讲师提供实时指导并做好记录）	无	实训工具28

续表

时间	内容概述	授课方法和内容	教具准备	相关资料
25分钟	介绍职场礼仪与职业要求	讲授法、演示法 1. 讲授职场礼仪与各部门常见岗位的职业要求 2. 结合每组学员展示内容，说明相关岗位的职业要求，并演示正确、得体的职场礼仪	多媒体设备 黑（白）板 粉笔（白板笔）	
5分钟	总结	讲授法 1. 回顾本课要点 2. 询问学员是否有疑问，对学员提出的疑问给予反馈	多媒体设备	

 **操作说明** 职场礼仪模拟情景训练指导要点

职场礼仪模拟情景训练共设置5个情景，讲师可分别从以下方面对学员的表现给予指导：

➤ 情景1指导要点：信息搜集的完整性、电话礼仪、介绍礼仪等。

➤ 情景2指导要点：会议人员确认、会务签到、材料准备、会中茶水服务、解决会议人员特殊需求等。

➤ 情景3指导要点：注意倾听、沟通礼仪、有效引导、应变能力等。

➤ 情景4指导要点：语言表达及现场呈现技巧等。

➤ 情景5指导要点：前台接待、人事部准备入职合同等材料、与员工核对好并归档、与部门主管交接、将新员工交至部门主管等。

第 30 课　演练我们的路演▶

教学目标： 这堂课结束时，学员能够：

1. 熟悉整个路演流程，确保活动顺利进行。
2. 明确筹备策划与现场执行之间的关联性。
3. 改进项目管理统筹策划思路和方法。

教具准备： 多媒体设备、演示设备、现场布置物料等。

授课时间： 90 分钟（第七天下午 14：45—16：15）。

时间	内容概述	授课方法和内容	教具准备	相关资料
30 分钟	介绍路演当天工作任务及各部门职责	头脑风暴法、讲授法 1. 引导学员思考路演当天活动流程，并主动分享自己的想法 2. 利用工作分解表为学员讲解各部门职责 3. 指导各部门协商确定任务分工 （注：讲师可结合实际情况及讨论结果适当增减工作任务）	多媒体设备	教材第 115~146 页
50 分钟	路演彩排	练习法 1. 演练路演现场走位、流程等细节 2. 梳理全过程问题点 3. 安排路演当天收尾工作	演示设备 现场布置物料	
10 分钟	路演动员	讲授法 1. 回顾本课要点 2. 做路演动员	无	

教学保障条件：确认路演场地。

第 31 课 展示我们的求职成果▶

教学目标：这堂课结束时，学员能够：

1. 将实训营所学内容综合运用到实际场景中。

2. 明确自己求职能力的缺陷，提高求职成功率。

教具准备：多媒体设备、演示设备等。

授课时间：165 分钟（第八天上午 9：00—11：45，9：30 开始路演，10：30—10：15 休息）。

时间	内容概述	授课方法和内容	教具准备	相关资料
30 分钟	确认路演准备工作	练习法 1. 确认各环节人员到位 2. 确认活动流程 3. 确认物料摆放 4. 确认场地布置、设备调试等	无	教材第 115~146 页
120 分钟	专属路演	练习法 1. 主持人介绍实训营情况 2. 主持人介绍路演流程 3. 主持人介绍企业代表及嘉宾 4. 学员按既定顺序进行路演汇报展示 5. 企业代表及嘉宾针对学员表现进行现场互动 6. 企业现场对学员求职给予反馈	多媒体设备 演示设备	
15 分钟	路演收尾	练习法 1. 送别企业代表及嘉宾 2. 整理场地	无	

教学保障条件：确认路演场地。

第32课　对于求职，我们准备好了吗▶

教学目标：这堂课结束时，学员能够：

1. 审视自己的求职动机，进一步激发求职意愿。
2. 梳理自己的能力清单，及时反思总结经验。
3. 梳理积极的求职心态，以实现成功求职就业。

教具准备：多媒体设备、黑（白）板、粉笔（白板笔）。

授课时间：90分钟（第八天下午13：00—14：30）。

时间	内容概述	授课方法和内容	教具准备	相关资料
60分钟	分享路演过程经历	演示法、讨论法、练习法 1. 学员代表（6名）分享筹备和执行路演过程中值得自豪的事 2. 分析令学员感到自豪的点（与求职就业能力挂钩） 3. 分组讨论职场所需的能力和素质 4. 指导学员梳理出自己的专属能力清单	多媒体设备 黑（白）板 粉笔（白板笔）	教材第115~146页
20分钟	学员制订自我提升计划	练习法 1. 指导学员根据梳理出来的专属能力清单制订自我提升计划 2. 指导学员对照实训营第一天提交的心愿卡复盘	多媒体设备	
10分钟	学员分享及总结	演示法、讲授法 1. 选择3名学员分享其自我提升计划，其他学员可予以补充 2. 回顾本课要点 3. 号召学员行动起来，落实自我提升计划	多媒体设备	

第 33 课　精进我们的求职能力▶

教学目标： 精准化一对一就业服务。

教具准备： 求职档案。

授课时间： 90分钟（第八天下午 14：45—16：15）。

时间	授课方法	教具准备	备注
90分钟	邀请职业指导师为有需求的学员提供一对一指导	求职档案	本课程按需进行辅导

 操作说明

1. 基于学员的具体问题，班主任可以定向邀请职业指导师解决，其他学员可以选择性旁听。

2. 若因条件所限无法安排相应内容，可以组织学员一起探讨8天实训营培训感受，分享成功求职就业经验，明确求职目标和求职计划。

附录一

求职能力实训营监督与评估工具包

工具1　学员信息登记表
工具2　职业成熟度量表
工具3　学员每日签到表
工具4　讲师授课小结
工具5　班主任听课评议表
工具6　每日学员满意度调查表
工具7　求职能力实训营培训学员满意度统计表
工具8　求职能力实训营学员培训班活动报告
工具9　参训学员情况统计表
工具10　参训学员后续支持报告

工具 1

学员信息登记表

（由学员填写）

基础资料	姓名		身份证号			性别	
	年龄		政治面貌		兵役情况	健康状况（有无限制）	
	婚姻状况		驾照（有/无）		联系方式	紧急联系人	
	最终学历		专业			毕业院校	
	获得证书						
	家庭住址				电子邮箱		
问卷调查表	（请根据自己情况在对应的选项符号处画"√"） 1. 目前影响你找到工作的最大障碍是什么？ A 不够自信　B 学历不够　C 缺少职业技能　D 家庭因素　E 缺乏沟通能力　F 不想工作　G 其他 2. 至今你参加过几次面试？ A 数不清　B 十次以上　C 4~5 次　D 1~2 次　E 零次 3. 你希望的工作形式是怎样的？ A 固定作息制　B 办公室里　C 室外　D 随便 4. 你使用以下应用软件的能力如何？ （1）Word　　A 非常精通　B 熟练运用　C 一般操作　D 不太熟悉　E 完全不会 （2）Excel　　A 非常精通　B 熟练运用　C 一般操作　D 不太熟悉　E 完全不会 （3）Powerpoint　　A 非常精通　B 熟练运用　C 一般操作　D 不太熟悉　E 完全不会 5. 你熟知的语种有哪些？（可多选） A 英语　B 法语　C 日语　D 普通话　E 粤语　F 沪语　G 其他 6. 你在大众面前讲话和表达时会怎样？ A 非常自如　B 还可以　C 有点紧张　D 非常紧张　E 不想说话 7. 你希望得到哪方面的帮助或指导？ A 人际关系　B 简历制作　C 面试技巧　D Office 软件应用　E 岗位认知　F 自信心提高　G 就业信息　H 其他 8. 家庭对你求职的态度如何？ A 积极推荐　B 消极对待　C 无所谓　D 要求过高						

续表

访谈表	人际关系	1. 你与父母的关系如何？ 2. 你有几个知心朋友？几个普通朋友？ 3. 你与以前的同事（含实习阶段）关系如何？
	职业取向	1. 你认为目前能做的岗位是什么？ 2. 你希望长期从事的岗位是什么？ 3. 你了解的工作岗位有哪些？（请列举 5 个以上） 4. 你希望的薪酬是多少？ 5. 你能接受的上班路程时间是多少？
	自身特点	1. 你的优点有哪些？ 2. 你的缺点有哪些？ 3. 你的兴趣爱好有哪些？ 4. 请列举平时你所做的家务（包括自身的清洁）。

注：此表由班主任保密存档。

工具 2

职业成熟度量表
（由学员填写）

请选择最符合自己实际情况或意愿的一项，在相应的框中画"√"。

陈述	很赞同	赞同	难以判断	不赞同	很不赞同
1. 我知道我的条件适合从事什么职业					
2. 我会搜集有关职业选择的参考资料					
3. 我清楚一些职业的薪酬待遇					
4. 我对未来充满信心					
5. 我会抽空读一些与未来工作有关的书					
6. 我的工作能力不比别人差					
7. 当学习碰到困难时，我会想办法解决					
8. 我会向朋友打听有关职业的消息					
9. 我能够冷静、沉着地判断事物					
10. 选择工作时，首先应该考虑自己的兴趣					
11. 我会留意国际经济发展趋势					
12. 找工作时，只要听专家的意见就对了					
13. 我会在自己的能力范围内选择我感兴趣的职业					
14. 自己有兴趣的工作，就算薪水不多，我也愿意做					
15. 我会注意报纸、杂志上有关职业的报道					
16. 我难以自己做决定					
17. 我确定我有能力从事自己感兴趣的职业					
18. 我知道现在社会上最需要的是什么人才					
19. 我怀疑自己选择职业的能力					
20. 我会保存有用的职业资料					
21. 我对自己很有信心					
22. 找不到第一志愿的工作，我乐于接受第二或第三志愿的工作					

续表

陈述	很赞同	赞同	难以判断	不赞同	很不赞同
23. 我会直接向公司或工厂索取相关的职业资料					
24. 我认为选择工作的时候有必要考虑外在环境的影响					
25. 通常在事情决定后我不会轻易后悔					
26. 我勇于表达自己的看法					
27. 我会注意媒体报道的职业消息					
28. 由于技术变化太快,就业前不必有太多准备					
29. 薪酬高又不必负责任的工作最好					
30. 我会将各种有关职业的资料加以分类整理					
31. 我会尽可能选择和自己专长有关的职业					
32. 选择职业时,我会优先考虑声望较高的职业					
33. 我会留意相关职业的发展动向					
34. 选择工作时,只要瞄准市场上最热门的工作就对了					
35. 我好像对许多工作都有兴趣,又好像都没有兴趣					
36. 我不清楚我感兴趣的职业,需要哪些专业能力					
37. 靠工作的收入养活自己比较有尊严					
38. 我抱着随时换工作的心态					
39. 从事一种职业,成不成功全靠机遇,不必考虑太多					
40. 我清楚一些职业的发展机会					
41. 我知道我的条件不应该从事什么职业					
42. 我清楚一些职业的工作环境					
43. 我会列出我感兴趣的所有工作,作为职业选择的参考					

续表

陈述	很赞同	赞同	难以判断	不赞同	很不赞同
44. 我很难决定自己要做什么工作					
45. 找工作时，我会先考虑薪酬多少，再考虑有没有发展					
46. 每个人要从事什么职业都是命中注定					
47. 我不清楚进入我感兴趣的职业应该具备什么条件					
48. 一想到选择工作，我就烦恼					
49. 我不了解为什么有些人能够那么确定自己的职业兴趣					
50. 我知道现在哪些行业最不容易找到工作					
51. 没有家人和朋友的支持，我自己很难选定一种合适的工作					

【计分标准】

职业成熟度指标包括8个方面，对应题号见下表。题号前标注"－"的题目采用反向计分，即"很赞同"计1分，"赞同"计2分，"难以判断"计3分，"不赞同"计4分，"很不赞同"计5分；其他题目采用正向计分，即"很赞同"计5分，"赞同"计4分，"难以判断"计3分，"不赞同"计2分，"很不赞同"计1分。按照题号把每项指标对应题目的得分加起来，就是每一方面成熟度的总分；总分除以题目数，可得每一方面成熟度的平均分。平均分最低为1分，最高为5分。一般而言，低于3分，就代表是不成熟的，高于3分则代表较成熟。

职业成熟度指标	题号	总分	平均分
信息应用	2、5、8、20、23、30		
职业认知	3、18、−36、40、42、43		
自我认知	4、6、10、17、−35、−49		
个人调适	7、11、15、27、33、−38		
职业态度	−12、21、−28、−39、−46、−51		
价值观念	13、14、31、−29、32、37、−45		
职业选择	9、−16、−19、25、26、−44、−48		
条件评估	1、22、24、−34、41、−47、50		

工具 3

学员每日签到表
（由学员填写）

日期：

序号	姓名	联系方式	上午签名	下午签名	备注
1					
2					
3					
4					
5					
6					
7					
8					
9					
10					
11					
12					
13					
14					

续表

序号	姓名	联系方式	上午签名	下午签名	备注
15					
16					
17					
18					
19					
20					
21					
22					
23					
24					
25					
26					
27					
28					
29					
30					

注：每日一表并存档。

工具 4

讲师授课小结

（由讲师填写）

讲师姓名		授课时间	
授课地点		授课人数	
课程名称			
教学计划实施	是否按照教学计划进行授课？　□是　□否		
	如有调整，请简述：		
授课中遇到的困难			
课程/授课建议			

工具 5

班主任听课评议表

(由班主任填写)

讲师		培训时间	
内容		课时	
听课记录		随堂印象	
总体评价			

班主任（签名）：_____

工具 6

每日学员满意度调查表

（由学员填写，班主任统计）

参训日期						
评价项	具体评价内容	1分	2分	3分	4分	5分
培训内容	课程内容难易度合理					
	课程内容实用性强					
	课程内容清晰明确、易于理解					
	课程内容新颖					
培训组织	课程顺序安排合理					
	培训时间安排恰当					
	培训周期合理					
	管理工作充分					
培训环境	培训设备齐全					
	课堂纪律适合学习					
培训效果	本次培训收获很大					
	接受培训后的知识水平有所提高					
	培训能与实际紧密联系，学以致用					
	本次培训对求职就业有帮助、有启发					

本次实训营中，你最喜欢的课程是：

有哪些内容是你希望听到但课程中没有涉及的：

对于本次培训你还有什么意见和建议：

工具 7

求职能力实训营培训学员满意度统计表

（供求职能力实训营班主任使用）

培训班名称：_____ 地点：_____ 日期：_____至_____ 人数：_____

天数	评价项	平均分	最喜欢的课程	简述对课程的意见和建议	分析
1	培训内容				
	培训组织				
	培训环境				
	培训效果				
2	培训内容				
	培训组织				
	培训环境				
	培训效果				
3	培训内容				
	培训组织				
	培训环境				
	培训效果				
4	培训内容				
	培训组织				
	培训环境				
	培训效果				

续表

天数	评价项	平均分	最喜欢的课程	简述对课程的意见和建议	分析
5	培训内容				
	培训组织				
	培训环境				
	培训效果				
6	培训内容				
	培训组织				
	培训环境				
	培训效果				
7	培训内容				
	培训组织				
	培训环境				
	培训效果				
8	培训内容				
	培训组织				
	培训环境				
	培训效果				
总平均分（满分为70分）					

注：对实训营的总满意水平＝总平均分÷天数。

工具 8

求职能力实训营学员培训班活动报告

（由班主任填写）

1. 报告提交日期：　　年　　月　　日
2. 报告提交人：
3. 主办单位：
4. 承办单位：
实训营安排与后勤服务
5. 第　　期实训营举办的场地（省市区街道）：
6. 对本期实训营进行管理和管辖的省市名称：
7. 实训营举办日期：　　年　　月　　日—　　年　　月　　日
培训讲师（2位）信息
培训讲师：　　　　　　　　　　　　　　讲授课程：
培训讲师：　　　　　　　　　　　　　　讲授课程：
特邀专家（可按条件安排）：　　　　　　讲授课程：
参训学员
8. 本期培训班学员人数_____
9. 本期培训班学员构成：
在校大学生_____人　离校未就业高校毕业生_____人　社区失业青年_____人
其他_____人（请说明）
10. 学员是通过何种途径了解本期培训班信息的？
社区信息收集与走访☐　　　当地就业服务平台（如公众号、小程序等报名）☐
社区街镇就业服务人员推荐☐　其他_____（请说明）☐
11. 参加本期培训班的学员是否在培训之前进行了筛选面试？
是☐　否☐（如选择"是"，请继续做第12题）
12. 实训营班主任是否使用了"学员信息登记表"？
是☐　否☐

工具9

参训学员情况统计表
（由学员填写）

序号	姓名	家庭住址	身份证号	联系方式	电子邮箱	性别	年龄	受教育程度	就业状况	备注

工具 10

参训学员后续支持报告

（由班主任填写）

序号	姓名	家庭住址	身份证号	联系方式	就业状况	所需后续服务			
						个案辅导	岗位推荐	专题讲座	其他（请说明）

附录二
求职能力实训营实训工具包

工具 1　绘制我的生涯彩虹图

工具 2　职业价值观拍卖表

工具 3　测试我的职业兴趣

工具 4　测测我的 MBTI 职业性格

工具 5　夸夸我自己：我的成就事件回忆表

工具 6　夸夸我自己：我的成就故事、能力探索表

工具 7　夸夸我自己：我的能力提升表

工具 8　我的职业访谈记录表

工具 9　我的职业家庭树

工具 10　职业访谈结果梳理表

工具 11　我的意向岗位表

工具 12　我的岗位匹配表

工具 13　我的职业决策平衡单

工具 14　路演部门分工及职责介绍

工具 15　路演部门职责分工表

工具 16　部门进度甘特图

工具 17　职场角色体验

工具 18　模拟演练

工具 19　记录我的模拟面试

工具 20　走近我的意向岗位

工具 21　自我分析报告

工具 22　制订我的个人求职计划

工具 23　记录我的岗位投递信息

工具 24　记录我求职过程中的努力轨迹

工具 25　我的面试复盘表

工具 26　压力知觉量表

工具 27　职场身份卡片

工具 28　职场礼仪情景模拟

附录二　求职能力实训营实训工具包

工具1

绘制我的生涯彩虹图

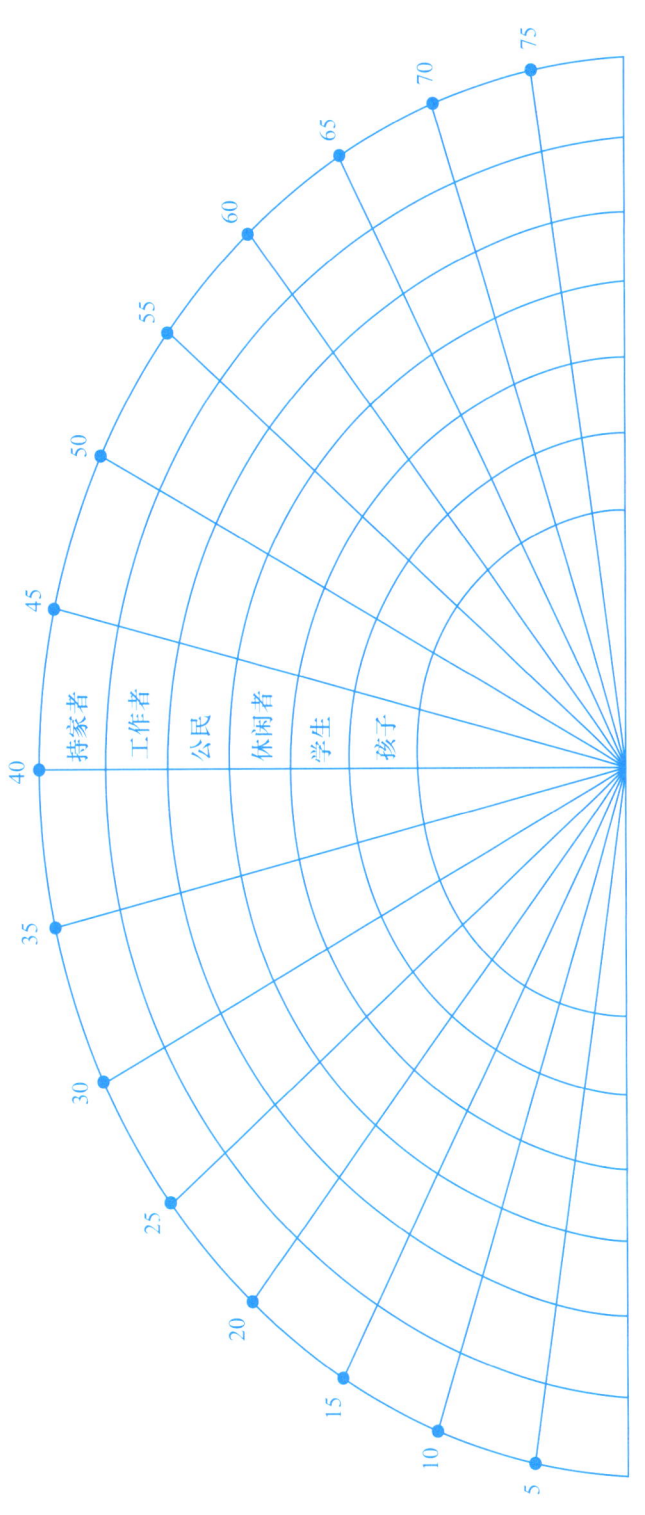

工具 2

职业价值观拍卖表

待出售的职业 （能够让我……的职业）	我的预算金额	我愿意投注的最高价格	我赢得的项目	与项目相关的价值
有吸引力，让每一个认识自己的人都喜欢自己				
拥有健康——长寿而且没有疾病				
有清晰的自我认识，知道自己是谁				
每年至少赚 100 万元				
成为一个团体或者政党中最有影响力的人				
有时间过愉快的、有意义的家庭生活				
参加社会活动，如音乐会、戏剧、芭蕾舞表演或体育运动				
在一个没有歧视、欺骗和不公正的环境中工作				
为弱势群体竭诚服务				
什么时候都可以做自己喜欢的事情				
有一份稳定的工作和收入				
能够寻找到生活的意义和真谛				
精通专业，能在所做的一切事情上取得成功				
有学习的条件——有所需的全部书籍、电脑和各种辅助物				
创造一个能让人们自由地给予和付出爱的氛围				
冒险、迎接挑战，过一个精彩的人生				
产生新思想，创造新的行动方式				
自由决定工作的条件、时间、位置和着装等				
制作有吸引力的物品，为世界增添美丽				
获得全国范围内和世界性的荣誉和声望				
休长假，什么都不用做，只要开心玩乐				

工具 3

测试我的职业兴趣

第一部分　你感兴趣的活动

下面列举了若干种活动，请就这些活动判断你的好恶。喜欢的计 1 分，不喜欢的不计分。

R：现实型活动	A：艺术型活动
1. 装配、修理电器或玩具	1. 素描、制图或绘画
2. 修理自行车	2. 参加话剧或戏剧
3. 用木头做东西	3. 设计家具或布置室内
4. 开汽车或摩托车	4. 练习乐器或参加乐队
5. 用机器做东西	5. 欣赏音乐或戏剧
6. 参加木工技术学习班	6. 看小说或读剧本
7. 参加制图描图学习班	7. 从事摄影创作
8. 驾驶卡车或拖拉机	8. 写诗或吟诗
9. 参加机械和电气学习班	9. 进艺术（美术或音乐）培训班
10. 装配、修理机器	10. 练习书法
I：研究型活动	S：社会型活动
1. 读科技图书或杂志	1. 参加单位组织的正式活动
2. 在实验室工作	2. 参加某个社会团体或俱乐部活动
3. 改良水果品种，培育新的水果品种	3. 帮助别人解决困难
4. 调查了解土或金属等物质的成分	4. 照顾儿童
5. 研究自己选择的特殊问题	5. 出席晚会、联欢会、茶话会
6. 解算术或数学游戏	6. 和大家一起郊游
7. 物理课	7. 想获得心理学方面的知识
8. 化学课	8. 参加讲座或辩论会
9. 几何课	9. 观看或参加体育比赛和运动会
10. 生物课	10. 结交新朋友
E：经营型活动	C：传统型活动
1. 鼓动他人	1. 整理好桌面与房间
2. 卖东西	2. 抄写文件和信件
3. 谈论政治	3. 为领导写报告或公务信函
4. 制定计划，参加会议	4. 检查个人收支情况
5. 以自己的意志影响别人的行为	5. 参加打字培训班
6. 在社会团体中担任职务	6. 参加文秘等实务培训

续表

E：经营型活动	C：传统型活动
7. 检查与评价别人的工作	7. 参加商业会计培训班
8. 结交名流	8. 参加情报处理培训班
9. 指导有某种目标的团体活动	9. 整理信件、报告、记录等
10. 参与政治活动	10. 写商业贸易信

第二部分　你擅长的活动

下面列举若干种活动，请选择你能做或大概能做的事。有一项计1分，不选不计分。

R：现实型能力	A：艺术型能力
1. 能使用电锯、电钻和锉刀等木工工具	1. 能演奏乐器
2. 知道万用电表的使用方法	2. 能参加二声部或四声部合唱
3. 能修理自行车或其他机械	3. 能独唱或独奏
4. 能使用电钻、磨床或缝纫机	4. 能扮演戏剧角色
5. 能给家具和木制品刷漆	5. 能创作简单的乐曲
6. 能看建筑设计图	6. 会跳舞
7. 能修理简单的电器用品	7. 能绘画、素描或书法
8. 能修理家具	8. 能雕刻、剪纸或泥塑
9. 能修理收录机	9. 能设计板报、服装或家具
10. 能简单地修理水管	10. 能写一手好文章
I：研究型能力	S：社会型能力
1. 懂得真空管或晶体管的作用	1. 有向各种人说明解释的能力
2. 能列举三种富含蛋白质的食品	2. 常参加社会福利活动
3. 能理解铀的裂变	3. 能和大家友好相处、一起工作
4. 能用计算尺、计算器、对数表	4. 善于与年长者相处
5. 会使用显微镜	5. 会邀请人、招待人
6. 能找到三个星座	6. 能教育儿童
7. 能独立进行调查研究	7. 能安排会议等活动顺序
8. 能解释简单的化学	8. 善于体察人心和帮助他人
9. 能理解人造卫星为什么不落地	9. 能护理病人
10. 经常参加学术会议	10. 能安排社团组织的各种事务
E：经营型能力	C：传统型能力
1. 担任过学生干部并且干得不错	1. 会熟练打印中文
2. 能指导和监督他人工作	2. 会用外文打字机或复印机
3. 做事充满活力和热情	3. 能快速记笔记和抄写文章

续表

E：经营型能力	C：传统型能力
4. 能有效利用自身做法调动他人积极性 5. 销售能力强 6. 曾作为俱乐部或社团的负责人 7. 能向领导提出建议或反馈意见 8. 有开创事业的能力 9. 知道怎样做能成为一位优秀的领导者 10. 健谈善辩	4. 善于整理保管文件和资料 5. 善于从事事务性的工作 6. 会用算盘 7. 能在短时间内分类和处理大量文件 8. 能使用计算机 9. 能搜集数据 10. 善于为自己或集体做财务预算表

第三部分　你喜欢的职业

下面列举了多种职业，请认真选择你喜欢的职业，有一项计1分，不选不计分。

R：现实型职业	S：社会型职业
1. 飞机机械师 2. 野生动物专家 3. 汽车维修工 4. 木匠 5. 测量工程师 6. 无线电报务员 7. 园艺师 8. 长途公共汽车司机 9. 电工 10. 火车司机	1. 街道、工会或妇联干部 2. 小学、中学教师 3. 精神病医生 4. 婚姻介绍所工作人员 5. 体育教练 6. 福利机构负责人 7. 心理咨询师 8. 共青团干部 9. 导游 10. 国家机关工作人员
I：研究型职业	E：经营型职业
1. 气象学者或天文学者 2. 生物学者 3. 医学实验室的技术人员 4. 人类学者 5. 动物学者 6. 化学者 7. 教学者 8. 科学杂志的编辑或作家 9. 地质学者 10. 物理学者	1. 厂长 2. 电视片编制人 3. 公司经理 4. 销售员 5. 不动产推销员 6. 广告部长 7. 体育活动主办者 8. 销售部长 9. 个体工商业者 10. 企业管理咨询人员

续表

A：艺术型职业	C：传统型职业
1. 乐队指挥 2. 演奏家 3. 作家 4. 摄影家 5. 记者 6. 画家、书法家 7. 歌唱家 8. 作曲家 9. 演员 10. 电视节目主持人	1. 会计师 2. 银行出纳员 3. 税收管理员 4. 计算机操作员 5. 簿记人员 6. 成本核算员 7. 文书档案管理员 8. 打字员 9. 法庭书记员 10. 人口普查登记员

第四部分　你的能力类型简评

下面两张表是你在 6 类职业能力方面的自我评定表。你可通过与同龄人比较等方式对自己的某类能力水平作出评估。请在表中适当的数字上画圈，数值越大表明你认为自己该类能力越强。

注意：请仔细斟酌后作出评估，勿每类能力均画同样的数字，因为人的每项能力不会完全一样。

表 A

R 型	I 型	A 型	S 型	E 型	C 型
机械操作能力	科学研究能力	艺术创作能力	解释表达能力	商业洽谈能力	事务执行能力
7	7	7	7	7	7
6	6	6	6	6	6
5	5	5	5	5	5
4	4	4	4	4	4
3	3	3	3	3	3
2	2	2	2	2	2
1	1	1	1	1	1

表 B

R 型	I 型	A 型	S 型	E 型	C 型
体育技能	数学技能	音乐技能	交际技能	领导技能	办公技能
7	7	7	7	7	7
6	6	6	6	6	6
5	5	5	5	5	5
4	4	4	4	4	4
3	3	3	3	3	3
2	2	2	2	2	2
1	1	1	1	1	1

第五部分 统计

测试	R 型得分	I 型得分	A 型得分	S 型得分	E 型得分	C 型得分
第一部分						
第二部分						
第三部分						
第四部分 A						
第四部分 B						
总分						

工具 4

测测我的 MBTI 职业性格

本问卷分四个部分，每部分 7 题，共 28 题。每题两个选项中的字母代表同一维度的两种偏好。请根据个人实际情况选择相应选项，然后从每部分中找出选择最多的那个字母，按顺序排列成一个四字母组合，得出自己的 MBTI 职业性格类型。

第一部分

1. 我倾向于从何处得到力量：

(E) 别人。

(I) 自己的想法。

2. 参加社交聚会时，我会：

(E) 在夜色很深时，一旦我开始投入，也许就是最晚离开的那一个。

(I) 在夜晚刚开始的时候，我就疲倦了并且想回家。

3. 下列哪一件事听起来比较吸引我：

(E) 与爱人到有很多人且社交活动频繁的地方。

(I) 待在家中与爱人做一些特别的事情，例如，观赏一部有趣的电影并享用我最喜欢的食物。

4. 在约会中，我通常：

(E) 整体来说很健谈。

(I) 较安静并保守，直到我觉得舒服。

5. 过去，我遇见大部分的异性朋友是：

(E) 在宴会中、工作上、休闲活动中、会议上或当朋友介绍我给他们的朋友时。

(I) 通过私人的方式，例如个人征友广告、观影约会，或是由亲密的朋友和家人介绍。

6. 我倾向于拥有：

(E) 很多认识的人和很亲密的朋友。

(I) 一些很亲密的朋友和一些认识的人。

7. 过去，我的朋友和同事倾向于对我说：

(E) 你难道不可以安静一会儿吗？

(I) 可以请你从你的世界中出来一下吗？

第二部分

8. 我倾向于通过以下方式收集信息：

（N） 我对有可能发生之事的想象和期望。

（S） 我对目前状况的实际认知。

9. 我倾向于相信：

（N） 我的直觉。

（S） 我直接的观察和现成的经验。

10. 当我置身于一段关系中时，我倾向于相信：

（N） 永远有进步的空间。

（S） 若它没有被破坏，不予修补。

11. 当我对一个约会觉得放心时，我倾向于谈论：

（N） 未来，关于改进或发明事物和生活的种种可能性。例如，我也许会谈论一个新的科学发明或一个更好的方法来表达自己的感受。

（S） 实际的、具体的、关于"此时此地"的事物。例如，我也许会谈论品酒的好方法，或我即将参加的新奇旅程。

12. 我是这种人：

（N） 喜欢先纵观全局。

（S） 喜欢先掌握细节。

13. 我是这种类型的人：

（N） 与其活在现实中，不如活在想象里。

（S） 与其活在想象里，不如活在现实中。

14. 我通常：

（N） 偏向于想象一大堆关于即将来临的约会的事情。

（S） 偏向于拘谨地想象即将来临的约会，只期待让它自然地发生。

第三部分

15. 我倾向于如此做决定：

（F） 首先依我的心意，然后依我的逻辑。

（T） 首先依我的逻辑，然后依我的心意。

16. 我能够察觉到：

（F） 人们需要情感上的支持。

（T） 人们不合逻辑。

17. 当和某人分手时：

（F）我通常让自己的情绪深陷其中，很难抽身出来。

（T）虽然我觉得受伤，但一旦下定决心，我会直截了当地将过去恋人的影子甩开。

18. 与一个人交往时，我倾向于看重：

（F）情感上的相容性：表达爱意和对另一半的需求很敏感。

（T）智慧上的相容性：沟通重要的想法，客观地讨论或辩论事情。

19. 当我不同意爱人的想法时：

（F）我尽可能地避免伤害对方的感情；若是会对对方造成伤害的话，我就不会说。

（T）我通常毫无保留地说话，并且对爱人直言不讳，因为对的就是对的。

20. 认识我的人倾向于形容我：

（F）热情和敏感。

（T）逻辑和明确。

21. 我把大部分和别人的相遇视为：

（F）友善及重要。

（T）另有目的。

第四部分

22. 若我有时间和金钱，我的朋友邀请我到国外度假，并且在前一天才通知我时，我会：

（J）必须先检查我的时间表。

（P）立刻收拾行装。

23. 在第一次约会中：

（J）若所约的人来迟了，我会很不高兴。

（P）一点儿都不在乎，因为我自己常常迟到。

24. 我偏好：

（J）事先知道约会的行程：要去哪里、有谁参加、我会在那里待多久、该如何打扮。

（P）让约会自然地发生，不做太多事先的计划。

25. 我选择的生活充满着：

（J）日程表和组织。

(P) 自然发生和弹性。

26. 哪一项较常见：

(J) 我准时出席而其他人都迟到。

(P) 其他人都准时出席而我迟到。

27. 我是这种人：

(J) 下定决心并且做出最后肯定的结论。

(P) 放宽我的选择面并且持续收集信息。

28. 我是这种类型的人：

(J) 喜欢在一段时间里专心于一件事情直到完成。

(P) 享受同时进行好几件事情。

工具 5

夸夸我自己：我的成就事件回忆表

序号	要达到的目标	障碍及限制	具体做了什么	取得了什么成就	成就可以用什么度量
1					
2					
3					
4					
5					
6					
7					

工具 6

夸夸我自己：我的成就故事、能力探索表

成就故事 1：

成就故事 2：

成就故事 3：

成就故事 4：

成就故事 5：

我的能力探索表

1. 我用得最多的能力是：	2. 我从没用到的能力是：
3. 我渴望的职业所要求的能力是：	4. 我需要提升的能力是：

工具 7

夸夸我自己：我的能力提升表

我的能力提升表

我理想中的职业：		
专业知识能力	我已经拥有的	
	我仍需发展的	
自我管理能力	我已经拥有的	
	我仍需发展的	
可迁移能力	我已经拥有的	
	我仍需发展的	

工具 8

我的职业访谈记录表

访谈对象	职业	快乐点	痛苦点	坚持点	对职业发展的期待
爸爸					
妈妈					
爷爷					
奶奶					
外公					
外婆					
其他 1					
其他 2					
……					

注：访谈对象可根据自身情况做相应调整。

工具9

我的职业家庭树

工具 10

职业访谈结果梳理表

序号	问题清单	梳理结果
1	访谈人物中从事最多的职业是什么？	
2	我想从事这个职业吗？为什么？	
3	访谈人物如何评价他们的职业？	
4	访谈人物还提到了哪些职业？他们是如何评价这些职业的？对此，我有什么想法？	
5	访谈人物觉得最满意的职业是什么？为什么？他们的想法对我有什么影响？	
6	关于职业，我的家人最常提到的事是什么？	
7	我的家长提到的这些事对我有什么影响？	
8	我决不考虑哪些职业？	
9	我考虑过哪些职业？	
10	选择职业时我还重视哪些条件？	

现在我的意向职业是：_____

我对未来的职业期待是：_____

工具 11

我的意向岗位表

意向岗位 1	岗位意向：
	薪资范围（税前）：□3 000 元以下　□3 000~3 999 元　□4 000~4 999 元　□5 000~5 999 元　□6 000 元以上
	工作区域：□地铁沿线_____号线　□行政区域_____区　□特色地标_____　□其他_____
	工作班时：□做五休二（周末双休）　□做五休二（非周末双休）　□做一休一　□两班制（翻班）　□三班制（翻班）　□其他_____
	其他偏好：
意向岗位 2	岗位意向：
	薪资范围（税前）：□3 000 元以下　□3 000~3 999 元　□4 000~4 999 元　□5 000~5 999 元　□6 000 元以上
	工作区域：□地铁沿线_____号线　□行政区域_____区　□特色地标_____　□其他_____
	工作班时：□做五休二（周末双休）　□做五休二（非周末双休）　□做一休一　□两班制（翻班）　□三班制（翻班）　□其他_____
	其他偏好：
意向岗位 3	岗位意向：
	薪资范围（税前）：□3 000 元以下　□3 000~3 999 元　□4 000~4 999 元　□5 000~5 999 元　□6 000 元以上
	工作区域：□地铁沿线_____号线　□行政区域_____区　□特色地标_____　□其他_____
	工作班时：□做五休二（周末双休）　□做五休二（非周末双休）　□做一休一　□两班制（翻班）　□三班制（翻班）　□其他_____
	其他偏好：

工具 12

我的岗位匹配表

单位名称		岗位		单位性质	
单位地址		招聘信息来源			
联系人姓名		联系人电话		投递简历邮箱	
工作内容 （岗位职责、 任职要求、 薪资待遇）					
发布日期		招聘人数		填表日期	
最终是否接受 该岗位		接受理由		拒绝理由	
下一步行动					

工具 13

我的职业决策平衡单

选项		意向岗位 1		意向岗位 2		意向岗位 3	
考虑因素	权重 （1～ 5分）	分数 （1～ 10分）	加权分数 （权重×分数）	分数 （1～ 10分）	加权分数 （权重×分数）	分数 （1～ 10分）	加权分数 （权重×分数）
1.							
2.							
3.							
4.							
5.							
6.							
7.							
8.							
9.							
10.							
总分	—	—		—		—	

工具 14

路演部门分工及职责介绍

内容	编号	任务	前置工作	工作	责任部门	部门内部分工	完成时间
前期准备	1	确认活动主题	路演说明会	1. 收集路演备选主题 2. 通过投票方式确认路演主题	市场部	S-1-1 S-1-2	
	2	制作电子邀请函	确认活动主题（市场部）	1. 选择电子邀请函模板 2. 编写电子邀请函话术 3. 制作电子邀请函	市场部	S-2-1 S-2-2 S-2-3	
	3	征询目标企业意见	讲师在开班第三天根据学员的求职意愿筛选出地区内符合条件的20家企业名录（企业名称、HR联系方式、招聘渠道）	1. 根据企业名录整理企业简介、在招岗位信息 2. 依据整理后的信息对参训人员进行一对一访谈，收集学员意向企业信息 3. 采用投票方式确定拟邀请企业名单（排序）	人事部	R-1-1-1 R-1-1-2 R-1-1-3	
	4	邀请企业	拟邀企业名单（人事部）	1. 按顺序电话邀约企业 2. 确认路演企业名称、代表人数、代表姓名及出行方式等信息 3. 制作路演企业名单	人事部	R-2-1 R-2-2 R-2-3	
	5	邀请嘉宾	讲师在开班第三天确认最终邀约嘉宾	1. 根据嘉宾名单进行电话邀约并确认当天出席的嘉宾信息 2. 制作路演嘉宾名单	人事部	R-3-1 R-3-2	

续表

内容	编号	任务	前置工作	工作	责任部门	部门内部分工	完成时间
前期准备	6	设计活动场地	讲师在开班前确定最终路演场地	1. 根据活动场地情况现场布置设计 2. 绘制场地布置图图纸	市场部	S—3—1 S—3—2	
	7	编写主持稿	确认主持人	编写主持稿（建议2人）	人事部	R—4—1	
	8	发放邀请函	企业名单（人事部） 嘉宾名单（人事部）	以邮件/微信等形式发送电子邀请函	行政部	X—1—1	
	9	布置场地	场地布置图纸（市场部）	根据图纸进行场地布置	行政部	X—2—1	
	10	制作席位卡	企业名单（人事部） 嘉宾名单（人事部）	制作席位卡	行政部	X—3—1	
	11	设计PPT背景	确认活动主题（市场部）	设计并制作活动PPT背景	市场部	S—4—1	
	12	调试电脑投影设备	讲师提供相关设备	调试设备	行政部	X—4—1	
	13	确认停车位	企业名单（人事部） 嘉宾名单（人事部）	1. 联系确认车位 2. 进行车辆备案	行政部	X—5—1 X—5—2	
	14	申购饮用水	企业名单（人事部） 嘉宾名单（人事部）	1. 根据人员数量进行饮用水购置申请 2. 讲师审批后进行采购	行政部	X—6—1 X—6—2	
	15	初拟路演通讯稿	路演流程表 企业名单（人事部） 嘉宾名单（人事部）	撰写路演通讯稿初稿	市场部	S—5—1	

续表

内容	编号	任务	前置工作	工作	责任部门	部门内部分工	完成时间
前期准备	16	制作签到表	企业名单（人事部）嘉宾名单（人事部）	制作路演签到表	行政部	X—7—1	
	17	确认路演流程		1. 确认汇报顺序 2. 制作路演流程表	人事部	R—5—1 R—5—2	
	18	路演当日工作安排	路演流程表（人事部）	1. 确认路演当日内容 2. 进行路演当日分工 3. 制作路演职责分工表 4. 召开部长会议，确认路演当日分工 5. 路演彩排	人事部	R—6—1 R—6—2 R—6—3 R—6—4 R—6—5	
	19	制作汇报PPT（5~10分钟/组）	企业名单（人事部）	制作路演PPT（合作完成或专人负责）	全体		
路演现场	20	迎宾	企业名单（人事部）嘉宾名单（人事部）	1. 迎候企业及嘉宾 2. 协助安排停车 3. 联系未按时到达的企业代表及嘉宾	人事部		
	21	签到	签到表	签到组织企业代表及嘉宾	行政部		
	22	接待	场地布置图纸（市场部）	1. 安排企业代表及嘉宾入座 2. 提供茶水	行政部		

续表

内容	编号	任务	前置工作	工作	责任部门	部门内部分工	完成时间
路演现场	23	主持	主持稿	现场主持			
	24	场务	路演流程表（人事部）	根据汇报流程疏导现场人员	行政部		
	25	设备管理		管理操作当天活动设备	行政部		
	26	拍照		拍摄路演照片	市场部		
路演收尾	27	场地整理		整理会议场地	人事部、行政部		
	28	确定路演通讯稿	路演通讯稿初稿（市场部） 路演照片（市场部）	编写路演通讯稿	市场部		

编号规则：部门首字母—任务序号—工作序号，人事部—R、行政部—X、市场部—S。

工具15 路演部门职责分工表

部门：　　　　部长：　　　　组员：

编号	任务	工作	紧前活动/任务	执行人	预计完工时长（分钟）	备注

路演工作安排（人事部）

编号	任务	前置工作	工作	部门内部分工	完成时间
1	征询目标企业意见	讲师在开班第三天根据学员的求职意愿筛选出地区内符合条件的20家企业名录（企业名称、HR联系方式、招聘渠道）	1. 根据企业名录整理企业简介、在招岗位信息 2. 依据整理后的信息对参训人员进行一对一访谈，收集学员意向企业信息 3. 采用投票方式确定拟邀请企业名单（排序）	R-1-1 R-1-2 R-1-3	
2	邀请企业	拟邀企业名单（人事部）	1. 按顺序电话邀约企业（建议5家） 2. 确认路演企业名称、代表人数、代表姓名及出行方式等信息 3. 制作路演企业名单	R-2-1 R-2-2 R-2-3	
3	邀请嘉宾	讲师在开班第三天确认最终邀约嘉宾	1. 根据嘉宾名单进行电话邀约并确认当天出席的嘉宾信息 2. 制作路演嘉宾名单	R-3-1 R-3-2	
4	编写主持稿	确认主持人	编写主持稿（建议2人）	R-4-1	
5	确认路演流程	路演流程表（人事部）	1. 确认汇报顺序 2. 制作路演流程表	R-5-1 R-5-2	
6	路演当日工作安排	企业名单（人事部）	1. 确认路演当日工作内容 2. 进行路演当日分工 3. 制作职责分工表 4. 召开部长会议，确认路演当日分工 5. 路演彩排	R-6-1 R-6-2 R-6-3 R-6-4 R-6-5	
7	制作汇报PPT（5~10分钟/组）		制作个人路演PPT（合作完成或专人负责）		

路演工作安排（市场部）

编号	任务	前置工作	工作	部门内部分工	完成时间
1	确认活动主题	路演说明会	1. 收集路演备选主题 2. 通过投票方式确认路演主题	S-1-1 S-1-2	
2	制作电子邀请函	确认活动主题（市场部）	1. 选择电子邀请函模板 2. 编写电子邀请函话术 3. 制作电子邀请函	S-2-1 S-2-2 S-2-3	
3	设计活动场地	讲师在开班前确定最终路演场地	1. 根据活动场地情况现现场布置设计 2. 绘制场地布置图纸	S-3-1 S-3-2	
4	制作PPT背景	确认活动主题（市场部）	设计并制作活动PPT背景	S-4-1	
5	初拟路演通讯稿	路演流程表 企业名单（人事部） 嘉宾名单（人事部）	撰写路演通讯稿初稿	S-5-1	
6	制作汇报PPT（5~10分钟/组）	企业名单（人事部）	制作路演PPT（合作完成专人负责）		

路演工作安排（行政部）

编号	任务	前置工作	工作	部门内部分工	完成时间
1	发放邀请函	企业名单（人事部） 嘉宾名单（人事部）	以邮件/微信等形式发送电子邀请函	X-1-1	
2	布置场地	场地布置图纸（市场部）	根据图纸进行场地布置	X-2-1	
3	制作席位卡	企业名单（人事部） 嘉宾名单（人事部）	制作席位卡	X-3-1	
4	调试电脑投影设备	带班老师提供相关设备	调试设备	X-4-1	
5	确认停车位	企业名单（人事部） 嘉宾名单（人事部）	1. 联系确认车位 2. 进行车辆备案	X-5-1 X-5-2	
6	申购饮用水	企业名单（人事部） 嘉宾名单（人事部）	1. 根据人员数量进行饮用水购置申请 2. 讲师审批后进行采购	X-6-1 X-6-2	
7	制作签到表	企业名单（人事部） 嘉宾名单（人事部）	制作路演签到表	X-7-1	
8	制作汇报PPT （5~10分钟/组）	企业名单（人事部）	制作路演PPT（合作完成专人负责）		

工具16

部门进度甘特图

编号	任务内容	紧前活动/任务							备注

注：部门每位成员选择一个代表自己的颜色，如同一项工作由两人协作完成，可在甘特图中设计其他颜色进行标识，并在备注中记录。如超过两人，可在"设置单元格格式—图案—填充效果"中设置。

部门进度甘特图（例）

部门：市场部　　　部长：A　　　组员：BCD

编号	任务内容	紧前活动/任务	第六天（7~8课时）	第七天（3~4课时）	第七天（7~8课时）	备注
S—1—1	收集路演备选主题	路演说明会				
S—1—2	通过投票方式确认路演主题	S—1—1				
S—2—1	选择电子邀请函模板	S—1—2				
S—2—2	编写电子邀请函话术	S—2—1				
S—2—3	制作电子邀请函	S—2—2				

注：
1. 配合分工表使用。
2. 确认资源分配及使用合理。
3. 颜色标记区

　　A　　B　　C　　D

工具 17

职场角色体验

1. 假定你是一名应聘者，请用 1 分钟时间进行自我介绍。
2. 假定你是一位招聘主管，请用 1 分钟时间阐述招聘会前的开场白。
3. 假定你是一名销售人员，你的领导派你去客户公司介绍产品（一款"工作通知"发放小程序），请用 1 分钟时间描述这款产品。
4. 假定你是一名企业员工，年底工作总结时，老板让你填写加薪浮动比例，请用 1 分钟阐述你的加薪理由。
5. 假定你是一名营销部员工，你的老板让你参加新产品内部培训会议，请你起草一份会议通知并发放下去，请用 1 分钟时间阐述你接下来的做法。
6. 假定你是一名人力资源部员工，你约好的候选人临时爽约，请用 1 分钟时间表述你计划如何向你的领导说明情况。
7. 假定你是一名业务部员工，你的客户将很多样品送到了楼下，而此时你的同事正忙于工作，请用 1 分钟时间说服你的同事和你一起下楼搬样品。
8. 假定你是一位部门经理，遇到员工向你打小报告，请用 1 分钟时间表述你会怎么做。
9. 假定你是人力资源部总监，你将在某高校举办一场招聘会，请用 1 分钟时间描述接下来你要做的事。
10. 假定你是一位业务经理，你发现部门内部两名员工之间发生了争执，请用 1 分钟时间表述你会怎么做。（争执内容为：某项目协议急于盖章，一名员工提出先盖章后走流程，另一名员工提出先走流程后盖章，不能破坏规则）

续表

11. 你和你的朋友正走在街上，同时发现不远处的地上有 100 元人民币，如果这是无主财产（你们可以自由分配），你会怎么处理？请用 1 分钟时间回答。
12. 如果你的上司每次都安排你做一些你不感兴趣的事情，却不让你插手你感兴趣的事情，你会怎么办？请用 1 分钟时间回答。
13. 假定你是一名直播行业的博主，一次直播后你发现所销售的食品存在质量问题，请用 1 分钟时间描述接下来你应该如何应对。
14. 假定你是公司的人力资源部总监，一年前你招聘员工时曾对他们承诺一年内给他们提供出国培训的机会，而一年过去了，你并没有兑现自己的诺言，这些同事颇有微词，来到你的办公室质问你，请用 1 分钟时间描述你会如何处理。
15. 你在单位很能干，很受领导重视，但此时来了一位新同事，比你更有才能，请用 1 分钟时间描述你将如何处理和他的关系。
16. 领导让你负责一件很紧急的事情，但应配合的人不但不配合，反而从中作梗，请用 1 分钟时间描述你会怎么办。
17. 如果你到一个新部门担任领导秘书，发现部门内部情况很糟糕，工作效率低，同事间关系很差，请用 1 分钟时间描述你会做哪些努力来改变这种状况。
18. 你作为销售经理，今天会与对方公司市场部经理会面并商讨合作的可能性。请用 1 分钟时间描述你如何向对方表达这一意愿，并快速营造良好的沟通氛围。

工具 18

模拟演练

序号	角色	模拟场景	训练的能力
1	总监、主管、员工	招聘会前总监组织开会，向下属说明招聘会情况及团队分工，精确到主管和员工分别负责哪些任务，主管和员工对任务布置作出回应	团队分工能力、逻辑表达能力和沟通能力
2	主管、副主管、员工	招聘会筹备工作接近尾声，员工向主管和副主管汇报所负责工作完成情况、面临的困难以及处理方案，主管和副主管将工作总结后汇报给总监	工作汇报技巧、逻辑表达能力
3	主管、副主管、员工	招聘会布置过程中，遇外地突发新冠肺炎疫情，单位采取了紧急的防范预警措施，要求对前来面试的人员以及现场人员进行相应的健康检测（出示健康码、行程码以及核酸检测报告等信息）	应急状态下的团队协调反应能力
4	主管、副主管、员工	招聘会布置过程中，突然接到主办方通知，场地不能如期征用，需要及时作出应急处置方案	应急状态下的团队协调反应能力
5	两名员工、主管	招聘会开始前、中，两名员工因投影幕布放置的位置发生冲突：一名员工认为幕布放置要以便于电源插电为主，防止因接线板过多而出现安全隐患；另一名员工则认为幕布应放在招聘会最显眼、最引人注目的位置，方便在场人员第一时间了解有关信息。为保证招聘会顺利召开，需及时调解此次冲突	冲突解决能力、沟通能力
6	两名员工、主管	主管安排两名员工负责播放宣传片，但没有明确划分两人分工，导致招聘会开始前调试设备时，发现存有宣传片的U盘落在了车里，影响了整个招聘会的进程。员工甲认为是员工乙疏忽的原因，员工乙则认为是公司没有把具体职责划分清楚的原因，双方各执一词，产生了冲突。为保证招聘会顺利召开，需及时调解此次冲突	冲突解决能力、沟通能力
7	主管、副主管、员工	招聘会结束后，领导主持会后总结，主管、副主管和员工分别进行总结陈述，具体内容包括面试候选人的基本情况汇总、面试过程中遇到的问题（1~2个）及解决办法等	工作汇报技巧、逻辑表达能力

工具 19

记录我的模拟面试

初次模拟面试存在的问题	行动计划	改善成效
第二次模拟面试存在的问题	行动计划	改善成效
第三次模拟面试存在的问题	行动计划	改善成效

工具 20

走近我的意向岗位

企业名称		参访人员	
企业情况			
参访时想要了解的内容	具体内容		实地情况
访谈对象职位		姓名/职位	
想询问的问题	具体问题		答复
确定的意向岗位			
原因分析			

工具 21

自我分析报告

意向岗位：_____	1. 岗位职责 2. 任职要求
自我评价 （50字以内）	（与意向岗位的匹配度）
就业环境分析	1. 机遇： 2. 威胁：
自我优劣势分析	1. 优势： 2. 劣势：

工具 22

制订我的个人求职计划

一、求职计划（P）	（根据 SMART 原则扩写） 1. 2. 3. 4.
二、求职实施过程（D）	1. 2. 3. 4.
三、求职复盘（C） 　根据求职计划（P）复盘求职实施过程（D）	1. 2. 3. 4.
四、下一步行动（A）	1. 2. 3. 4.
五、调整计划（P）	1. 2. 3. 4.

工具23

记录我的岗位投递信息

序号	企业名称	企业性质	投递岗位	投递结果	初次面试时间	复试时间	三轮以上面试情况（如有，请补充）	最终结果
1								
2								
3								
4								
5								
6								
7								
8								
9								
10								
11								
12								

工具 24

记录我求职过程中的努力轨迹

日期	行动记录	为自己点赞	有待提高	下一步计划

工具 25

我的面试复盘表

企业名称		面试职位		面试时间	
复盘内容	参考目标	自评	情况描述	还需改进的地方	
整体流程	我提前至少15分钟到达面试场所	□是 □否			
	进入企业前我整理过自己的仪容仪表	□是 □否			
	我始终保持微笑并能主动与他人打招呼	□是 □否			
	填写企业登记表时,我不需要借助其他资料	□是 □否			
面试过程	我的自我介绍凸显出我的优点	□是 □否			
	我的自我介绍凸显出我与岗位的匹配性	□是 □否			
	我能很好地理解并应答面试官提出的问题	□是 □否			
	我能很清晰地描述我想了解的问题,并得到面试官的正面回答	□是 □否			
其他事宜	我在面试前了解过企业信息	□是 □否			
	我了解过所面试岗位的职能	□是 □否			
	我与面试官沟通很顺畅,沟通的氛围很愉快	□是 □否			
	我发现了一些可能造成我面试失败的细节	□是 □否			
我觉得面试成功的概率及理由		□0 □低于50% □高于50% □100%			
		理由:			
最终的面试结果及答复时间		□毫无音讯 □被告知未通过面试 □邀请参加复试 □告知被录用			
		答复时间:			

注:如需多次复盘,可重复填写。

工具 26

压力知觉量表

【填写说明】

以下量表会询问最近一个月来你发生某些状况的频率。请尽量以快速、不假思索方式据实作答，不要去思虑每一题分数背后的含义，以期确实反映自己真实的压力知觉状况。虽然有些问题看上去相似，实则是有所差异，所以每一题均需作答。

状况	频率				
	从不	偶尔	有时	时常	总是
1. 我因为发生了一些无法预期的事情而感到心烦意乱					
2. 我感觉无法控制自己生活中重要的事情					
3. 我感到紧张不安和压力倍增					
4. 我成功地处理了恼人的生活麻烦					
5. 我感到自己能有效应对生活中所发生的重要改变					
6. 我对于有能力处理自己私人的问题感到很有信心					
7. 我感到事情顺心如意					
8. 我发现自己无法处理所有自己必须做的事情					
9. 我有办法控制生活中恼人的事情					
10. 我常觉得自己是驾驭事情的主人					
11. 我常常生气，因为很多事情的发生是超出自己控制的					
12. 我经常想到有些事情是自己必须完成的					
13. 我经常能掌握时间安排方式					
14. 我经常感到困难的事情堆积如山，而自己无法克服它们					

工具 27

职场身份卡片

1. 人物角色抽签纸涉及角色如下：

客户经理	产品主管	市场拓展主管
会务签到台负责人员	会务现场接待人员	行政主管
销售接待人员	销售主管	销售总监
采购员甲	采购员乙	采购部门主管
前台人员	人事部人员	部门主管

2. 角色卡片样式如下：

角色卡片	
姓名	
角色	
工作场所	
工作内容	

工具 28

职场礼仪情景模拟

情景序号	人物	情景	评分标准
1	客户（可由讲师扮演）、客户经理、产品主管、市场拓展主管	市场部人员搜集客户信息，电话预约并顺利拜访新客户	1. 信息搜集完整 2. 电话礼仪 3. 介绍礼仪
2	会议代表（可由他人扮演）、会务签到台负责人员、会务现场接待人员、行政主管	行政部通知参会人员会议信息，记录会议要点并提供会议服务	1. 确认参会人员 2. 会务签到 3. 准备材料 4. 会中茶水服务 5. 解决参会人员特殊需求
3	客户（可由他人扮演）、销售接待人员、销售主管、销售总监	态度强硬、能言善辩的客户来销售部要求无理由退货	1. 注意倾听 2. 沟通礼仪 3. 有效引导 4. 应变能力
4	采购员甲、采购员乙、采购部门主管	公司需要采购大量原材料，采购人员内部因采购不同品质的原材料（价格贵但质量好，价格便宜但质量偏差）发生分歧	语言表达及现场呈现技巧
5	前台人员、人事部人员、部门主管、新员工（可由他人扮演）	新员工入职接待	1. 前台接待 2. 人事部准备入职合同等材料，与员工核对相关信息并归档 3. 与部门主管交接，将新员工交至部门主管